Research on Low Carbon Develop
Practice and Explo

区域经济低碳发展研究
——河南的实践与探索

宋博　王双燕　著

中国财经出版传媒集团
经济科学出版社
Economic Science Press
·北京·

图书在版编目（CIP）数据

区域经济低碳发展研究：河南的实践与探索 / 宋博，王双燕著. --北京：经济科学出版社，2024.8
ISBN 978-7-5218-5419-0

Ⅰ.①区… Ⅱ.①宋… ②王… Ⅲ.①区域经济发展-可持续性发展-研究-河南 Ⅳ.①F127.61

中国国家版本馆 CIP 数据核字（2023）第 247820 号

责任编辑：杨 洋 赵 岩
责任校对：王苗苗
责任印制：范 艳

区域经济低碳发展研究
——河南的实践与探索
宋 博 王双燕 著
经济科学出版社出版、发行 新华书店经销
社址：北京市海淀区阜成路甲 28 号 邮编：100142
总编部电话：010-88191217 发行部电话：010-88191522
网址：www.esp.com.cn
电子邮箱：esp@esp.com.cn
天猫网店：经济科学出版社旗舰店
网址：http://jjkxcbs.tmall.com
北京季蜂印刷有限公司印装
710×1000 16 开 12.5 印张 200000 字
2024 年 8 月第 1 版 2024 年 8 月第 1 次印刷
ISBN 978-7-5218-5419-0 定价：50.00 元
（图书出现印装问题，本社负责调换。电话：010-88191545）

本书得到以下项目资助：

国家社会科学基金项目
“乡村振兴中农村金融机构双重目标失衡与再平衡研究”
（编号：19CJY044）

河南省哲学社会科学规划项目
“河南经济低碳发展的动力机制与实现路径研究”
（编号：2018CJJ079）

2020年度河南工业大学青年骨干教师培育计划项目
（编号：21420134）

2023年河南省高等教育教学改革研究与实践项目（研究生教育类）
“基于创新能力提升的金融专业学位研究生课程教学改革研究与实践”
（编号：2023SJGLX170Y）

2023年河南省高等教育教学改革研究与实践项目（研究生教育类）
“粮食安全教育融入研究生思想政治教育体系构建与实践路径研究”
（编号：2023SJGLX167Y）

前言

PREFACE

气候变化是当今人类面临的最为严峻的全球性环境问题，目前我国已经成为引导应对气候变化国际合作的重要参与者、贡献者和引领者。早在2009年，我国已将二氧化碳排放作为硬性约束指标纳入国民经济和社会发展的中长期规划中。2017年，党的十九大报告明确提出了建立健全绿色、低碳循环发展的经济体系。至此，走绿色低碳发展之路已上升为我国经济发展的国家战略。2022年，党的二十大报告又提出要积极稳妥推进碳达峰碳中和，积极参与应对气候变化全球治理。在此背景下，河南作为中部地区核心省份，也将实施绿色低碳转型战略作为“十大战略”之一。因此，以河南省为例探索区域经济低碳发展的动力机制与实现路径对于我国经济实现可持续和高质量发展具有重要意义。

针对已有研究从区域视角探讨河南经济低碳发展及其动力机制的成果较少，且分析框架与研究方法不够系统之不足，本书将河南经济低碳发展的驱动因素分析和减排成本相结合，从正向作用和反向作用两个方面探索河南经济低碳发展的动力机制；并在此基础上，从产业结构调整、能源结构转型和绿色金融支持三个方面对河南经济低碳发展的实现路径进行设计和优化。本书研究内容既有对区域经济低碳发展的理论分析，也有对区域经济低碳发展边际减排成本和驱动因素的实证分析，运用理论分析与实证分析相结合的研究方法对河南经济低碳发展的问题进行了系统地探讨。最后，从实践层面具体提出了河南经济低碳发展的实现路径。应该说，本书的出版，将开启本研究团队对中国式现代化视域下碳达峰碳中和相关后续问题进行深入研究的序幕。

本书的总体框架结构由宋博提出，各章内容由宋博、王双燕写作完成，具体分工如下：第 1 章～第 6 章由宋博写作完成；第 7 章和第 8 章由王双燕写作完成；第 9 章由宋博写作完成，宋博对全书作了统稿审阅。另外，河南工业大学经济贸易学院的领导和老师为本书的写作提出了宝贵的修改意见，我的硕士研究生郭染秀对本书的资料搜集和文字校对作出了很多有益的贡献，经济科学出版社的编辑老师们为本书的顺利出版提供了大力支持和帮助，并付出了大量心血，在此一并致以诚挚的谢意！本书存在的不足之处，敬请各位专家和广大读者批评指正。

宋　博

2024 年 6 月于郑州

目录

CONTENTS

第1章　绪论 …… 001

1.1　选题背景及意义 …… 001

1.2　国内外研究现状评述 …… 002

1.3　研究内容 …… 005

1.4　研究思路 …… 008

1.5　可能的创新点 …… 0010

第2章　区域经济低碳发展的理论阐释 …… 011

2.1　区域经济低碳发展的相关概念界定 …… 011

2.2　区域经济低碳发展的理论分析 …… 013

2.3　本章小结 …… 023

第3章　河南经济低碳发展的进程评估 …… 025

3.1　河南省二氧化碳排放的统计核算 …… 025

3.2　河南经济低碳发展进程评估的理论框架 …… 029

3.3　河南经济低碳发展的进程评估 …… 030

3.4　本章小结 …… 031

第4章　河南经济低碳发展的驱动因素分析 …………………………… 034
4.1　低碳经济发展驱动因素的相关文献回顾 ……………………………… 035
4.2　低碳经济发展驱动因素的理论框架与研究假说 ……………………… 037
4.3　河南经济低碳发展的驱动因素实证分析 ……………………………… 038
4.4　本章小结 ……………………………………………………………… 044

第5章　河南经济低碳发展的减排成本分析 …………………………… 047
5.1　距离函数在环境污染减排成本分析中的应用 ………………………… 047
5.2　区域二氧化碳排放影子价格的理论分析 ……………………………… 051
5.3　区域二氧化碳排放影子价格的推导 …………………………………… 053
5.4　河南省二氧化碳排放的边际减排成本分析 …………………………… 058
5.5　本章小结 ……………………………………………………………… 064

第6章　河南经济低碳发展的实现路径分析 …………………………… 067
6.1　河南经济低碳发展的现状与问题 ……………………………………… 067
6.2　河南经济低碳发展的路径选择 ………………………………………… 073
6.3　河南企业低碳转型路径的案例分析 …………………………………… 082
6.4　本章小结 ……………………………………………………………… 086

第7章　河南经济低碳发展的产业结构调整研究 ……………………… 088
7.1　低碳经济视角下产业结构调整的相关文献回顾 ……………………… 088
7.2　低碳经济背景下河南三次产业结构调整变化 ………………………… 091
7.3　河南经济低碳发展的农业产业结构调整研究 ………………………… 094
7.4　河南经济低碳发展的工业产业结构调整研究 ………………………… 112
7.5　河南经济低碳发展的第三产业结构调整研究 ………………………… 121
7.6　本章小结 ……………………………………………………………… 129

第 8 章　河南经济低碳发展的能源结构转型研究 …………………… 130

8.1　低碳经济视角下能源结构转型的文献回顾和政策演进 …… 130

8.2　河南经济低碳发展的能源结构转型状况 …………………… 138

8.3　河南经济低碳发展的能源结构转型中存在的问题 ………… 141

8.4　河南经济低碳发展的能源结构转型建议 …………………… 150

8.5　本章小结 ………………………………………………………… 159

第 9 章　河南经济低碳发展的绿色金融支持研究 …………………… 160

9.1　绿色金融支持低碳经济发展的文献回顾 …………………… 161

9.2　河南绿色金融支持低碳经济发展现状 ……………………… 164

9.3　河南经济低碳发展与绿色金融的相关分析 ………………… 167

9.4　绿色金融支持河南经济低碳发展的对策建议 ……………… 172

9.5　本章小结 ………………………………………………………… 177

参考文献 ………………………………………………………………… 178

第1章 01

绪　论

1.1 选题背景及意义

1.1.1 选题背景

气候变化是当今人类面临的最为严峻的全球性环境问题。在过去的100年中，由二氧化碳等气体造成的温室效应使全球平均地表温度上升了0.3～0.6摄氏度；并有90%的可信度认为，近50年以来的气候变化主要是由人类活动排放的二氧化碳等温室气体造成的（马友华等，2009）。因此，人类不应该以气候变化微不足道的不确定性为借口而拒绝或消极采取减少温室气体排放的措施。2009年11月，我国将二氧化碳排放作为硬性约束指标纳入国民经济和社会发展的中长期规划中，并决定到2020年我国单位国内生产总值二氧化碳排放量比2005年下降40%～45%①。2020年，习近平总书记在第75届联合国大会上表示，中国将力争于2030年

① 资料来源：中华人民共和国中央人民政府网站。

前实现碳达峰、2060 年前实现碳中和[①]。2022 年，党的二十大报告又提出要积极稳妥推进碳达峰碳中和，积极参与应对气候变化全球治理[②]。在此背景下，河南作为中部地区核心省份，也将实施绿色低碳转型战略作为“十大战略”之一。因此，发展低碳经济符合我国应对气候变化的相关政策和行动目标。

1.1.2 选题意义

党的十九大报告提出，要建立健全绿色低碳循环发展的经济体系[③]。加快区域经济低碳发展是构建全国低碳发展经济体系的基础，国务院印发的《“十三五”控制温室气体排放工作方案》明确规定，到 2020 年河南省的碳排放强度要比 2015 年下降 19.5%，高于全国 18% 的碳排放强度控制目标[④]。我国已经于 2017 年 12 月 27 日正式启动了全国性的碳排放权交易市场，河南经济的发展也将面临更加趋紧的碳排放约束。2022 年党的二十大报告中也指出：“推动经济社会发展绿色化、低碳化是实现高质量发展的关键环节”[⑤]。因此，探索河南经济低碳发展的动力机制与实现路径成为亟待开展的课题。

1.2 国内外研究现状评述

低碳思想最早可追溯至 1980 年出现的可持续发展理念，尽管可持续发展的定义多种多样，但几乎从未离开过环境这一维度（陈诗一，2012）。

①④ 资料来源：中华人民共和国中央人民政府网站。

②⑤ 习近平．高举中国特色社会主义伟大旗帜为全面建设社会主义现代化国家而团结奋斗——在中国共产党第二十次全国代表大会上的报告［M］．北京：人民出版社，2022.

③ 习近平．决胜全面建成小康社会 夺取新时代中国特色社会主义伟大胜利——在中国共产党第十九次全国代表大会上的报告［M］．北京：人民出版社，2017.

可持续发展比较具有代表性的是循环经济、绿色经济和低碳经济，潘家华（2013）认为低碳经济最为有效。“低碳经济”一词最早出现于2003年的英国能源白皮书《我们能源的未来：创建低碳经济》，之后迅速受到广泛关注，国内外的相关研究大致可分为如下三条脉络。

1.2.1 关于碳排放与经济增长关系的研究

关于经济低碳发展的研究起始于对碳排放与经济增长关系是否符合环境库兹涅茨曲线（EKC）倒“U”型假说的检验，但至今仍未达成共识（Friedl & Getzner，2003；Narayan P. & Narayan S.，2010）。另一些学者则从耦合关系（Tapio，2005）、相关关系（Miguel & Pablo，2007；Azam et al.，2016）、格兰杰因果关系（Adom et al.，2012）等视角对二者的关系进行了探讨。虽然关于碳排放与经济增长关系的研究至今仍未达成共识，但主要的研究观点认为二者之间的关系在不同的发展阶段和不同的地理区域存在显著性差异（Tapio，2005；丁志国等，2012；Adom et al.，2012；Azam et al.，2016）。针对中国现阶段碳排放与经济增长的关系，国内的主要研究结论表明控制和减少碳排放会对经济增长产生一定程度的负面影响（林伯强等，2010；袁富华，2010；杨子晖，2011；曾繁华等，2013）。

1.2.2 关于区域经济低碳发展进程评估的研究

国内的相关研究发轫于对低碳经济发展进程走在世界前列国家的经验借鉴（温源远等，2009）。随后，一些学者开始尝试对我国区域经济的低碳发展进程进行定量测度与评估。陈诗一（2012）基于SBM-DDF-AAM的低碳经济理论分析框架构建区域经济低碳转型的动态评估指数对改革开放以来中国各省域经济的低碳转型进程进行测度和评估，认为中国经济的低碳发展在不同历史时期呈现出曲折前行的特征，各省域经济低碳发展的进程存在较大差异，且大多数地区目前还仍然处于不稳定的初期发展阶段。而李婧等（2013）则运用 DDF-GML 指数和增长核算法对中国省域经济的低碳发展绩效进行测度及评价，认为考察期内中国经济的低碳发展绩效经历了先上升后下降再平稳的过程；中国区域经济的低碳发展绩效在地区之间存在显著性差异，且这种差异在时间和空间上具有相对的稳定性。

1.2.3 关于区域经济低碳发展路径选择的研究

近年来，关于区域经济低碳发展的研究热点主要聚焦于对其可行路径的探讨方面，按照切入视角及研究方法的不同大致可分为以下三种思路。第一种思路是从实践认知的视角对区域经济低碳发展的可行路径进行理论分析（张清等，2010；Foxon，2011；厉以宁等，2017）。第二种思路是从碳排放的空间演化特征、影响因素分析和峰值及达峰时间预测等视角对区域经济低碳发展的路径选择进行实证研究（王锋等，2010；张友国，2010；庄贵阳等，2011；何建坤，2013；鲁万波等，2013）。第三种思路是将低碳因素纳入经济分析框架，构建“环境－经济”系统模型对不同区域的碳排放减排目标和经济增长目标进行情景设定，然后通过“倒逼机制”来探寻和优化区域经济低碳发展的可行路径（陈诗一，2011；林伯强等，2011；齐绍洲等，2015；何建坤，2016；Schandl et al.，2016；马丽梅等，2018）。

1.2.4 国内外已有研究评述

综上所述，已有研究为探索区域经济的低碳发展问题奠定了基础，但仍存在如下缺憾。

第一，已有研究从区域视角探讨河南经济低碳发展的成果较少，导致了河南经济低碳发展在实践层面上缺乏微观理论支撑。

第二，动力机制是推进区域经济实施低碳发展的动能源泉，但已有研究针对区域经济低碳发展动力机制的还比较少见；个别研究对区域经济低碳发展的作用因素进行识别，但并没有对其内在作用机理进行深入分析，导致区域经济的低碳发展在推进过程中缺乏持续动力。

第三，已有研究基于不同视角和不同方法对区域经济低碳发展的路径选择问题进行探讨并提出了相应的控排措施，但鲜有对所提控排措施的具体实施方式做更进一步的研究，导致区域经济低碳发展的实现路径在现实中缺乏可操作性及可行性。

1.3 研究内容

本书的研究内容主要包括以下八个部分。

第一部分，区域经济低碳发展的理论阐释。对低碳经济发展的经济逻辑进行理论阐释是推进区域经济顺利实现低碳转型的前提。(1) 区域经济低碳发展的概念界定：对低碳经济、温室气体、碳排放、碳足迹、碳交易等低碳经济的相关概念进行界定。(2) 区域经济低碳发展的动力机制理论分析：运用低碳经济理论对资源禀赋既定情况下技术选择、制度安排与产业低碳发展之间的关系进行论述，并对低碳经济发展的动力机制进行分析。(3) 区域经济低碳发展的实现路径理论分析：运用外部性和公共物品理论对低碳经济发展的市场化实现路径进行分析。

第二部分，河南经济低碳发展的进程评估。对河南经济的低碳发展进程进行科学评估是正确认识河南经济低碳发展状况的基础。(1) 河南省域二氧化碳排放的统计核算：采用直接碳排放核算法对河南省能源消费所产生的二氧化碳排放进行统计核算。（2）河南经济低碳发展进程评估的理论框架构建：基于“环境库兹涅茨曲线”的倒“U”型曲线关系假说构建河南经济低碳发展进程评估的理论分析框架。（3）河南经济低碳发展的进程评估：根据单位 GDP 二氧化碳排放量、人均二氧化碳排放量和二氧化碳排放总量三个衡量指标对河南经济的低碳发展进程进行综合评估。

第三部分，河南经济低碳发展的驱动因素分析。对河南经济低碳发展的驱动因素进行实证分析既是洞悉河南经济低碳发展动力机制的关键部分，也是设计河南经济低碳发展实现路径的重要依据。（1）区域经济低碳发展的驱动因素理论分析：基于 Kaya 恒等式构建河南省区域经济低碳发展的驱动因素的理论分析框架，并据此提出了三个理论假说。（2）河南经济低碳发展的驱动因素实证检验：将 Kaya 恒等式拓展为参数化的双对数回归模型，并采用河南省各地级市的面板数据对理论模型所提出的理论研究假说进行实证检验。

第四部分，河南经济低碳发展的减排成本分析。对河南经济低碳发展的减排成本进行分析不仅关乎政府宏观政策的制定，而且与微观控排主体的切身利益密切相关。（1）模型框架构建：以劳动、资本和能源为生产要素投入，以 GDP 和二氧化碳排放为期望和非期望产出，构建参数化的二次型环境方向性距离函数，并运用最优化模型算法进行参数估计，进而计算出二氧化碳排放的影子价格。（2）减排成本分析：基于所建模型框架对河南省各地级市发展低碳经济的边际减排成本和环境技术效率进行分析。（3）环境成本分析：基于二氧化碳排放的影子价格对河南省各地级市的环境成本及绿色产值进行测算及分析。

第五部分，河南经济低碳发展的实现路径分析。归纳、总结本课题前期研究的基本结论，并充分结合省情设计河南经济低碳发展的实现路径。(1) 河南经济低碳发展现状及问题：对河南省低碳经济发展的现状和存在的问题进行分析。(2) 河南经济低碳发展的路径选择：选出河南发展低碳经济的可行路径，并对诸多的可行路径进行优化，继而得出了河南经济低碳发展实现路径的优先序。(3) 河南企业低碳发展路径的案例分析：结合河南省重点控排工业企业的低碳转型路径对河南企业的低碳转型路径进行综合案例分析。

第六部分，河南经济低碳发展的产业结构调整研究。分析低碳化背景下河南省三次产业的调整变化，主要包括产业结构的调整以及产业发展过程中的低碳化变化的探索。(1) 河南经济低碳发展的农业产业结构调整研究：在低碳经济背景下研究河南省农业产业结构调整变化，并提出相应的对策措施。(2) 河南经济低碳发展的工业产业结构调整研究：在低碳经济背景下研究河南省工业产业结构调整变化，并提出相应的对策措施。(3) 河南经济低碳发展的第三产业结构调整研究：在低碳经济背景下研究河南省第三产业结构调整变化，并对河南第三产业低碳发展路径进行探索。

第七部分，河南经济低碳发展的能源结构转型研究。分析低碳背景下河南省能源结构调整变化，并提出河南省低碳经济发展的能源结构转型发展建议。(1) 河南经济低碳发展的能源结构转型状况：在低碳经济背景下对河南能源生产结构和消费结构的转型现状进行分析。(2) 河南经济低碳发展的能源结构转型中存在的问题：分别从能源生产、能源消费和能源利用效率的角度进行分析。(3) 河南经济低碳发展的能源结构转型建议：分别从煤炭清洁高效利用、新能源体系构建和低碳技术采用等方面提出合理化建议。

第八部分，河南经济低碳发展的绿色金融支持研究。分析绿色金融与低碳经济发展的相关性，并探索绿色金融支持河南经济低碳发展的实现路径。(1) 河南绿色金融支持低碳经济发展的现状：分别对河南绿色金融发展现状和低碳经济发展现状进行分析。（2）河南经济低碳发展与绿色金融的相关分析：首先构建低碳经济和绿色金融发展的评价指标体系，其次运用熵权法确定各指标权重，最后运用皮尔逊相关系数分析低碳经济与绿色金融的相关性。（3）绿色金融支持河南经济低碳发展的对策建议：分别从金融支持产业结构优化升级、绿色金融推动能源消费结构优化升级和完善绿色金融体系等方面进行分析。

1.4 研究思路

在理论阐释的基础上，首先，对河南经济低碳发展的进程进行测度与评估；其次，从驱动因素和减排成本两个方面对河南经济低碳发展的动力机制进行分析；再次，从全局的宏观层面到企业的微观层面对河南经济低碳发展的实现路径进行优化设计；最后，结合前期研究结论，对产业结构调整、能源结构转型和绿色金融支持三条促进河南经济低碳发展的可行路径展开进行具体深入研究。具体研究思路与技术路线，如图 1 - 1 所示。

本书以实证分析为主，充分结合理论分析；以定量分析为主，同时兼顾定性分析。具体的研究方法主要包括以下几类。

（1）理论分析法。基于低碳经济理论、外部性和公共物品理论构建河南经济低碳发展的一般性理论分析框架，为实证研究河南经济低碳发展的动力机制和实现路径提供基础理论支撑。

（2）实证分析法。第一，运用面板数据的多元回归模型对河南经济低碳发展的驱动因素进行分析；第二，运用环境方向性距离函数（EDDF）对河南经济低碳发展的减排成本进行分析；第三，运用熵权法和皮尔逊相关系数法对绿色金融与低碳经济发展之间的相关性进行分析。

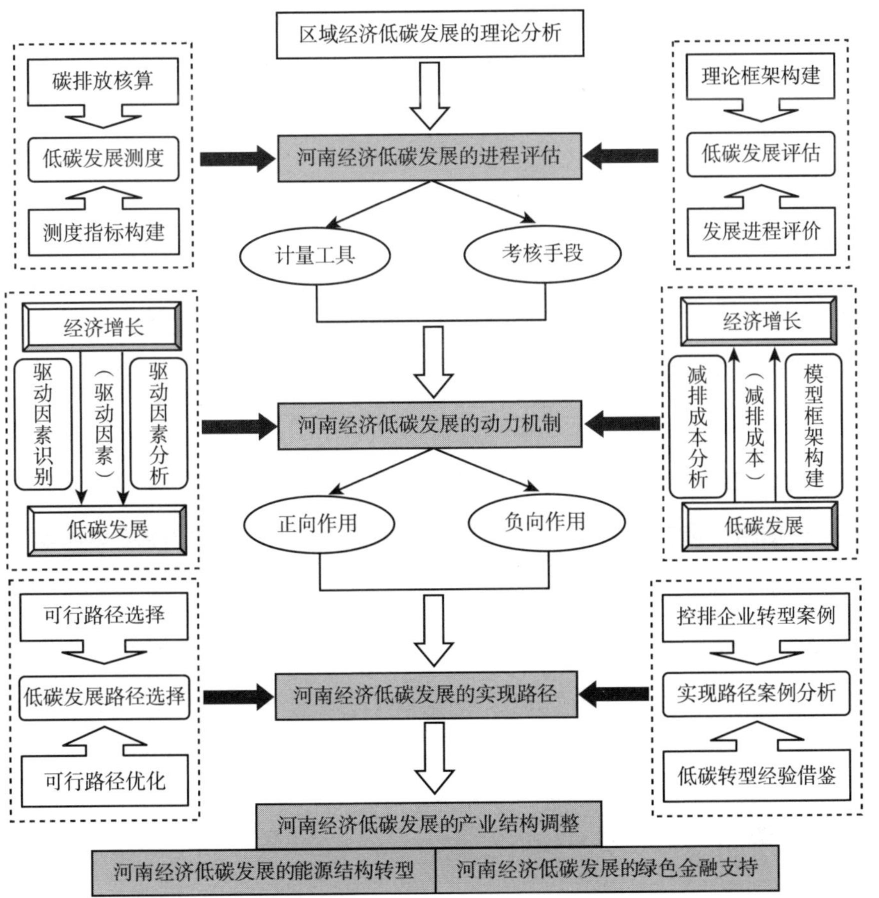

图1－1　研究思路与技术路线

（3）案例分析法。基于重点工业行业企业的典型案例分析对河南经济低碳发展的微观层面的企业转型路径进行设计。

（4）文献研读法。文献研读法是所有研究工作的基础性方法，用于了解国内外研究动向和为研究思路的形成、研究方法的选取和分析框架的构建提供借鉴。

（5）归纳法。归纳法是一种由个体到一般，由具体到抽象的分析方法，本书运用归纳法提出促进河南经济低碳发展的对策建议。

1.5 可能的创新点

本书可能的创新点主要体现在以下三个方面：

（1）学术思想方面。基于绿色发展理念，将碳排放权交易机制及工业企业参与行为纳入区域经济低碳发展的研究框架，根据低碳发展与经济增长的内在关系机理探索区域经济低碳发展的新坐标新动能新路径。

（2）学术观点方面。省域经济低碳发展的动力机制分析既要考虑其驱动因素的正向作用，又要考虑减排成本的负向作用；省域经济低碳发展的最优路径选择固然重要，但其对应的控排措施的可行性及具体实施方式才是关键。

（3）研究方法方面。运用计量经济学模型、数理模型和案例分析等多种实证分析方法对一系列相关问题进行综合研究，且所用方法一般是具有互补作用的多种量化分析方法的有机结合，弥补了已有的研究实证和量化分析相对缺乏之不足。

第2章 02

区域经济低碳发展的理论阐释

低碳经济有着非常丰富的内容，是当前生态经济学、环境经济学和资源经济学的研究热点，也是世界各国减少温室气体排放和抵制全球气候变暖所采取的重要政策措施。国内外针对低碳经济的研究已经持续多年，但已有研究从区域视角探讨低碳经济发展的成果较少，导致了区域经济低碳发展在实践层面上缺乏微观理论支撑。因此，在研究河南经济低碳发展的动力机制与实现路径之前，有必要对区域经济低碳发展的相关概念及理论进行归纳梳理，并对整个研究的理论框架进行构建。

2.1 区域经济低碳发展的相关概念界定

低碳发展是低碳经济学中的一个非常重要的概念，是从“高碳”向“低碳”转变的过程，具有极为丰富的内涵。为了便于研究，本章节接下来的部分对区域经济低碳发展的相关概念进行一一阐述。

(1) 低碳经济。随着全球气候变暖和化石能源危机的到来，低碳经济成为备受全社会关注的热词。国内外关于低碳经济的定义众多，其内涵的界定截至目前也没达成共识。“低碳经济”一词最早出现在2003年的英国能源白皮书《我们能源的未来：创建低碳经济》，是指通过更少的温室气体排放，获得更多的经济产出（付允等，2008）。国内学者也对低碳经济理论进行了积极的探索。金涌等（2008）认为，低碳经济是以低能耗、低污染为基础的绿色生态经济，关键是要开发产业节能新技术。李慧明等（2010）认为，低碳经济是生态经济、循环经济、绿色经济等一系列可持续发展理念在气候变暖形式下的具体体现。而中国环境与发展国际合作委员会（2010）对低碳经济的定义则是：一个新的经济、技术和社会体系，与传统经济体系相比，在生产和消费环节中能够节省更多的能源消耗，进而减少温室气体的排放，同时还能保持经济发展势头。

（2）温室气体。温室气体指任何会吸收和释放红外线辐射并存在于大气中的气体，它们能够吸收地面反射的长波辐射，使地球的表面变得更暖，类似于温室截留太阳辐射，并加热温室内的空气。这种温室气体使地球变得更加温暖的影响被称为“温室效应”。《京都议定书》中要求进行控制的温室气体包括二氧化碳（CO_2）、甲烷（CH_4）、氧化亚氮（N_2O）、氢氟碳化合物（HFCs）、全氟碳化合物（PFCs）、六氟化硫（SF_6）6种（滕玲，2016）。

（3）碳排放。广义的碳排放（carbon emissions）是温室气体排放的统称，温室气体中所占比重最大的是二氧化碳，由二氧化碳所造成的温室效应约占到总温室效应的63%，因此用碳排放一词作为温室气体的代表（国家气候变化对策协调小组办公室，2004）。由于我国《“十三五”控制温室气体排放工作方案》中明确要求控排的温室气体仅包括二氧化碳，因此本书中的碳排放是狭义的概念是指二氧化碳排放量。

（4）碳足迹。碳足迹（carbon footprint）起源于生态足迹（ecological footprint），瓦克纳格尔和里斯（Wackernagagel & Rees，1996）采用生态

足迹来描述人类生产或消费活动所造成的生态影响；碳足迹是指某项生产活动在整个生命周期或特定时段内排放到环境中的温室气体的量（Strutt et al.，2008）。根据碳足迹的概念，企业碳足迹可以引申为企业在生产过程中排放到生态环境中的二氧化碳等温室气体的量，通过对企业生产碳足迹的研究可以对企业生产系统的二氧化碳排放进行测算。

（5）碳交易。碳交易是碳排放权交易的简称，是指运用市场经济手段来促进温室气体减排的重要机制。具体而言就是，在既定的碳排放配额下允许企业在碳排放权交易市场上出售自己因减排而剩余的碳排放配额，而超出自身碳排放配额的企业则必须从碳排放权交易市场购买不足的碳排放配额。通过这种碳交易机制，可以在实现碳排放总量控制的前提下最大幅度地减少企业减排的成本。我国已经于 2017 年 12 月 27 日正式启动了全国性的碳排放权交易市场。2021 年，全国碳排放权交易市场上线交易，全国统一的碳排放权交易市场形成，为中国低碳转型发展注入了强大市场活力。

2.2 区域经济低碳发展的理论分析

在区域经济低碳发展的过程中，经济低碳发展的进程评估是基础，经济低碳发展的动力机制和实现路径是关键，而促进经济低碳发展的政策体系构建是保障。因此，关于区域经济低碳发展的研究是一个生态学、经济学和管理学多学科交叉的综合性课题。本书所要用到的相关理论主要包括低碳经济理论、外部性和公共物品理论。

2.2.1 低碳经济理论

党的十九大报告明确提出，要建立健全绿色、低碳、循环发展的经济体系。从理论上讲，只要有足够而廉价的能源，只要有投资，设施能够运行，则循环经济和绿色经济均能得到充分实现；而在实践上，循环经济和绿色经济的发展却均要受到低碳的制约，因此循环经济、绿色经济、低碳经济，最终的检验，低碳标准最为有效（潘家华，2013）。而发展低碳经济的核心就是：在市场经济条件下，通过制度安排和政策措施的制定及实施，推动能效技术、可再生能源技术和温室气体减排技术等的开发利用，促进社会经济朝着低能耗和低碳排放的发展模式转型，形成低碳的生产和消费方式（周宏春等，2012）。低碳经济具有以下特点：

（1）相对性。从世界范围看，各国的经济发展状况不同，其产业分工也不同，因此相应的技术水平也存在很大差异，从而难以确定一个各国均能认同并接受的单位 GDP 碳排放量标准（周宏春，2009）。目前国际上惯用的单位 GDP 碳排放标准是以生产地为基础的。事实上，多数发达国家已经迈过了以使用高碳能源为主要动力的生产发展阶段，其高碳消费的背后往往是以诸多发展中国家的高碳生产为支撑的，这种间接碳排放的转移不仅会使得现有的碳排放核算体系不公平，而且最终将会导致只能由全人类共同面对的全球性生态危机。

（2）动态性。低碳经济的发展转型过程是一个动态的经济发展转型过程，而不是一个静态的考量指标。具体而言，低碳经济的转型是一个从传统的高能耗、重污染、低效率的生产方式向低能耗、无污染、高效率的生产方式转变过程，其间一般会先后经历单位 GDP 碳排放量下降、人均碳排放量下降和绝对碳排放量下降三个动态变化过程。

（3）技术性。低碳经济发展的关键在于低碳技术的支撑。也就是说，低碳经济的发展归根结底要依靠低碳技术的进步来实现。通过开发能源利用效率更高的生产技术可以使得在实现同等产出水平的情况下消耗更少的能源，从而有效地降低碳排放强度。但需要注意的是，低碳技术一定要具有经济可行性，即使用低碳生产技术节约能源所产生的经济效益一定要高于其使用成本，否则相关生产主体就没有主动采用这些技术的动力，那么这些低碳技术也同样不能够有效地被运用到社会经济的发展中。

（4）经济性。低碳经济的经济性主要体现在两个方面：一是低碳经济应符合市场规律，其发展应该主要靠价格机制的引导，而不是主要靠政府推动；二是低碳经济发展不能以损害人们的生活条件和福利水平为代价，即在实现低碳的同时，还要保证经济发展。比如，传统的农耕生产方式无疑是低碳的，但其农业生产率极其低下，因此也不符合低碳经济的经济性特点。

（5）目标性。低碳经济具有目标性，即低碳经济追求的是单位GDP碳排放强度的降低、人均碳排放的减少和区域碳排放总量的减少，但并不是永无止境地要求这样做。事实上，人类社会和经济的发展永远也不可能达到零碳排放。低碳经济的最终目标是使全球大气层中的温室气体的浓度稳定在一个相对合理的水平上，不至于对人类及其他生物的生存和发展产生不利影响，进而实现人与自然的和谐发展（杜悦英，2010）。

总之，低碳经济理论认为一国或一个地区相关产业低碳化发展的主要驱动因素是技术进步和经济增长（周宏春，2012），而西蒙·史密斯·库兹涅茨（Kuznets S.，1980）把技术进步和制度变迁视为经济增长的两个关键因素。由此可见，经济增长和产业低碳化发展的根本动力归根结底均是来源于技术进步和制度变迁。这与低碳经济依靠技术选择和制度安排实现经济的可持续发展的核心理念是一致的。另外，资源禀赋条件是一切产业经济发展的基础，而技术选择和制度安排也均要受资源禀赋条件的制约，同时也对它们产生影响。在低碳经济发展过程中，技术选择，尤其是适用性低碳生产技术的推广及应用，在很大程度上能够改变工业生产资料中化石能源的投入，继而减少生产活动所产生的碳排放。

制度安排，如碳排放规制也在一定程度上直接或间接地改变着能源的投入结构和投入数量。而能源的投入结构和投入数量正是影响碳排放和经济产出水平的直接原因。在资源禀赋条件既定的情况下，技术选择与制度安排和产业发展的关系，如图 2－1 所示。

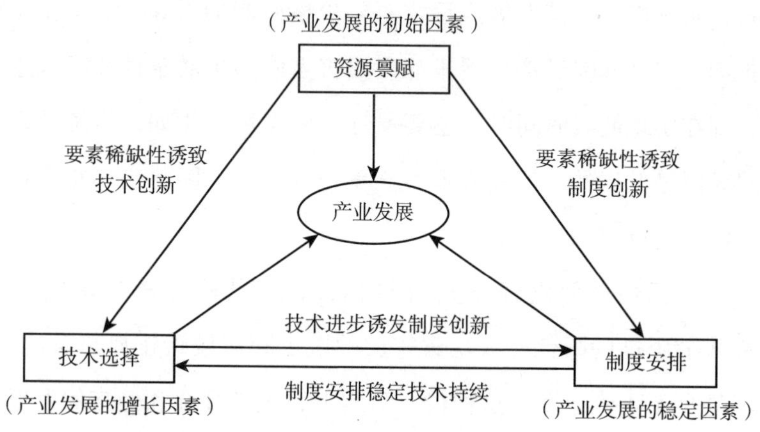

图 2－1　技术选择、制度安排与产业发展的关系

由图 2－1 可知，资源禀赋是产业发展的初始因素。一国或一个地区相关产业的发展必然会受到资源禀赋的约束，要想突破这些约束就必然依靠技术创新和制度变迁使资源得到更加充分合理的利用和配置。一方面，新技术的经济可行性因资源禀赋条件的不同而具有差异，因此不同的资源禀赋条件会使得生产者作出不同的技术选择。而当一种资源变得越来越稀缺，进而诱使生产者去寻求节约该稀缺资源的生产技术时，相关技术的研发者就会被诱导进行技术创新，即要素稀缺性诱致技术创新。另一方面，一定的资源禀赋条件需要一定的制度安排与之相适应，资源的稀缺性导致了产权和配置制度的产生，并随着资源稀缺性程度的变化而变化，即要素稀缺性诱致制度变迁。技术选择是产业发展的主要增长因素，而制度安排则是产业发展的主要稳定因素。技术进步减轻了资源禀赋对产业发展的制约。然而，要实现产业的现代化还需要相应的制度安排，否则技术推动对于产业发展的作用不会持久。事实上，技术选择和制度安排本身也是相辅相成、相互影响的。经济史学家道格拉斯·诺斯（North D.，1987）认为技术选择会使一个经济中某些原来有效的制度不再是最有效的，这样新的制度安排就会产生，即技术诱发性制度创新。反过来，新的更有效的制度安排又能使这种技术进步对产业经济效益的提高稳定而持久。

工业行业企业是产业低碳发展的微观主体，根据技术选择、制度安排与产业发展关系的一般分析框架，我们可以基于企业的微观视角，从资源禀赋、技术选择和补贴政策等方面对低碳经济发展的动力机制进行分析。资源禀赋条件是经济发展的基础和初始因素，不仅对生产要素投入和经济产出具有直接影响，而且通过资源稀缺性诱致技术创新可以对经济生产投入产生间接的影响。技术选择可以使原有生产要素的投入结构和投入量做出调整，进而会对经济产出产生影响；另外，工业二氧化碳排放直接来源于工业生产要素化石能源的投入消耗，因此能源投入结构和数量的变化必然也会对工业生产二氧化碳排放产生影响，进而对碳生产率产生影响，并最终影响到低碳经济发展的进程。而碳排放规制不但对能源投入具有直接影响，而且通过对技术选择的稳定作用可以对能源投入产生间接的影响。根据以上分析，低碳经济发展的动力机制如图2－2所示。

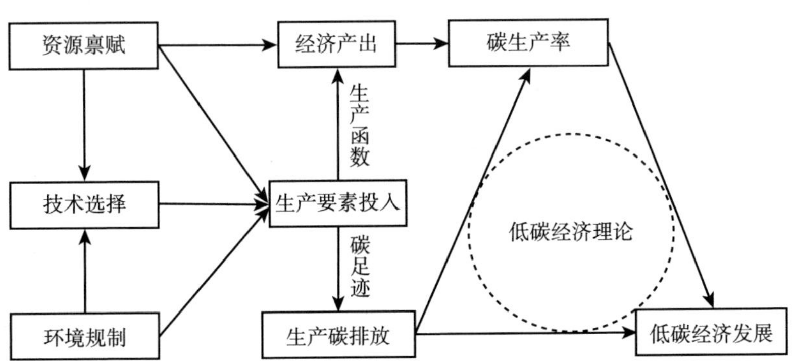

图2－2　低碳经济发展的动力机制

如图2-2所示，资源禀赋、技术选择和环境规制是通过对生产要素投入和经济产出的直接影响而间接影响到企业生产碳排放和碳生产率，并进而影响到低碳经济发展的。根据上述分析，相关因素对企业碳生产率的影响是通过对经济产出和企业生产碳排放的双重作用决定的。资源禀赋一般对经济产出具有正向影响，但其对生产要素的投入，继而对企业生产碳排放的影响方向却是不确定的。低碳生产技术的选择对企业生产碳排放的影响一般是负向的，但其对经济产出的影响方向还具有不确定性。政府部门的环境规制政策具有明确的目的性，如近年来为了减少企业生产碳排放而启动的碳排放权交易试点。但这些环境规制对企业生产所产生的经济效果如何还有待考证。

2.2.2 外部性和公共物品理论

气候变化问题具有外部性和公共物品的双重特点。一方面，由碳排放导致的全球气候变暖造成了人类赖以生存的自然环境发生不利改变，对整个社会具有很强的负外部效应；另一方面，地球大气环境作为温室气体的存储资源是全球性的公共物品，各国均有排放温室气体的权利。因此，外部性与公共物品理论可以为全球气候变暖问题的分析提供相应的理论基础。

（1）外部性理论。外部性（externality）又称外部效应，是指某一个体在从事经济活动时给其他个体造成了积极或消极的影响，但并没有取得应有的报酬或承担应有的成本的情形。外部性理论起源于阿弗里德·马歇尔（A. Marshall）在1890年出版的巨著《经济学原理》里提出的“外部经济”概念。之后，他的学生庇古（Pigou）于1920年在其所著的《福利经济学》一书中提出了外部性理论，并于1932年首次将环境污染作为外部性问题进行了分析。外部性理论不仅对环境问题做出了合理的经济解释，而且也为环境所产生的外部性问题提出了明确的经济分析和解决思路。按照外部性理论，外部性的存在可能导致私人的边际收益（成本）与社会的边际收益（成本）发生背离，在这种情况下，完全依靠市场不能实现帕累托最优状态下的资源配置，进而不能实现整个社会的福利最大化；为此，必须通过政府干预来校正这一背离。而环境问题就是由于市场在环境资源配置上的失灵引起的，因此可以通过政府干预对市场失灵进行纠正。政府只需对造成环境负外部性的行为进行征税（庇古税），并对产生环境正外部性的行为进行补贴，就能使环境问题的外部性内部化，从而使环境领域中的市场失灵问题得以解决。以生产 X 产品时对环境污染的负外部性为例进行说明，如图 2－3 所示。

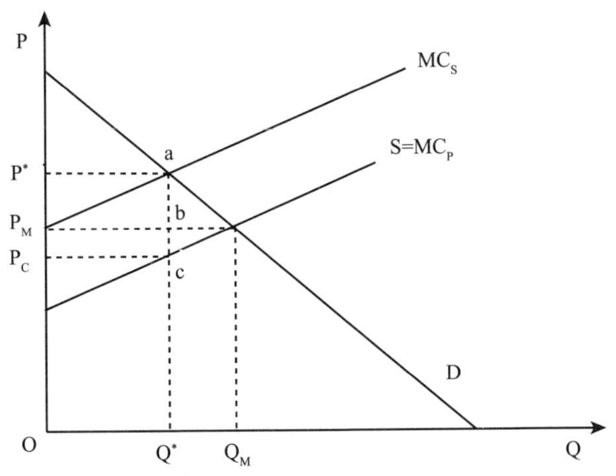

图 2－3　环境污染的负外部性

根据图 2－3，在自由市场经济中，私人生产 X 产品的供给曲线 $S=MC_P$ 和社会的需求曲线 D 决定了均衡产出 Q_M 和均衡价格 P_M。如果生产或消费每单位 X 产品时存在负外部性，实际的边际社会成本曲线 MC_S 就会高于边际私人成本 MC_P。则社会成本曲线 MC_S 和需求曲线 D 的新交点处才是实现整个社会福利最大化时的帕累托至善点，也即整个社会最有效率的点，此时 X 产品的产出量和价格分别为 Q^* 和 P^*。因此，如果政府对每单位 X 产品征收 ac 的庇古税，就可以通过加入环境污染的社会成本而使得 X 产品的实际产出量降低到社会最优水平 Q^*。此时，消费价格从 P_M 上升到 P^*，生产者所获得的价格从 P_M 下降到 P_C；也即环境污染的社会成本由消费者和生产者共同承担，承担的庇古税额分别为 ab 和 bc。

值得反思的是，诺贝尔经济学奖得主、著名的美国经济学家科斯承认外部性的存在，但他对庇古提出的政府干预的解决方案并不认同。科斯在 1960 年发表的《社会成本问题》一文中，从产权的角度提出了外部性产生的原因和解决外部性问题的新思路。科斯（Coase，1960）认为，正是产权界定不清才导致了行为权力和利益边界不清的问题，继而引发了外部性现象。因此，只要产权是明确界定的，在交易成本为零的条件下，通过产权交易市场本身也可以解决因外部性问题产生的市场失灵，而无须政府进行干预。这就是经济学中鼎鼎大名的“科斯定理”，即后来经济学者所称的“科斯第一定理”。然而，新制度经济学的创始人之一，我国著名经济学家张五常教授（2002）认为交易费用为零不可能有市场。为此，一批新制度经济学家对交易费用不为零的情况进行了深入探讨，并归纳总结为“科斯第二定理”：如果交易费用不为零，初始产权的界定对资源配置的效率会产生影响。因此，当交易费用较小时，可以通过对产权进行初始界定来实现资源的优化配置，从而使外部效应内部化，并不需要抛弃市场（贺诗倪等，2010）。

（2）公共物品理论。公共物品理论作为一种经济理论最早出现于 19 世纪末期，新古典综合派的代表人物萨缪尔森和诺德豪斯将公共物品界定为“每个人对这种物品的消费都不会影响其他人对该物品的消费”。这个定义中的公共物品指的是同时具有非排他性和非竞争性的纯公共物品，而现实中大量存在的往往是仅具备非排他性或非竞争性两者之一的准公共物品。仅具有非排他性的物品称之为公共资源，如公共海滩、公共渔场、公共牧地等，这种准公共物品容易产生“公地的悲剧”问题[①]，即一种资源如果无法有效地排他就会导致过度使用；而仅仅具有非竞争性的物品称为“俱乐部物品”，如公路、桥梁、公园等，这种准公共物品容易产生“拥挤”问题，即在边际生产成本为零的情况下该物品的提供者具有鼓励消费的倾向。公共物品所具有的非排他性和非竞争性意味着，公共物品的消费是难以分割进行单独销售的，如果由市场提供，则每个消费者均可等待他人购买消费时自己也顺便免费享用，这即是经济学所指的“搭便车”现象。如果每个人都成为“搭便车”者而拒绝为公共物品付费，那么最终的结果将是没有人愿意提供这种物品，从而导致没有人能够享受到该公共物品。这即是由“搭便车”行为导致的公共产品供给的市场失灵。公共物品理论作为一种系统的经济理论，为政府干预经济提供了具有说服力的理论依据和合理的经济解释。以公共物品 Y 为例进行说明，如图 2－4 所示。

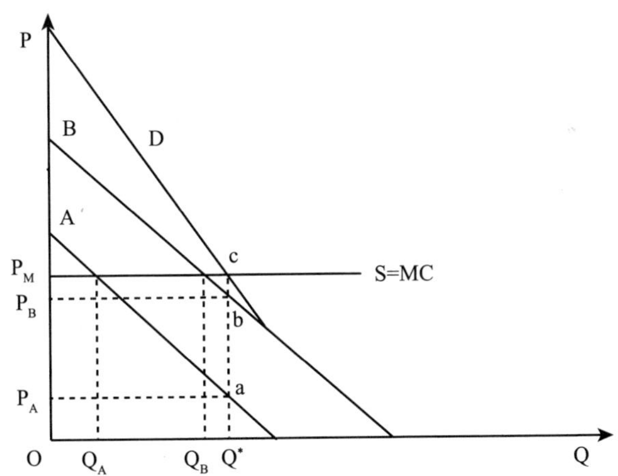

图 2－4　政府干预公共物品的经济解释

在图 2－4 中，供给曲线（边际社会成本曲线）S＝MC 和社会总需求

① “公地的悲剧”问题最早由英国学者哈丁提出，具体可参阅其于 1968 年发表在《科学》杂志上题目为“公地的悲剧”的文章。

曲线 D 的交点 c 决定了公共物品 Y 的社会最优数量和相应价格为 Q^* 和 P_M。然而，对于公共物品的消费存在着“搭便车”行为，在自由市场条件下并不会自发地达到这个社会最优数量。由于每个人都能享用别人所提供的该公共物品而不进行付费，因而每个人在这种情况下愿意购买该物品的数量都比他在单独行动下所愿意购买的数量要少。在价格为 P_M 的情况下，自由市场可以在满足个体 B 的需求 Q_B 的同时，又不影响个体 A 的需求 Q_A（$Q_A < Q_B$）；也就是说 A 可以免费搭乘 B 的便车。所以，在自由市场条件下，公共物品 Y 仅会达到一个次优水平 Q_B。为了使公共物品 Y 的数量达到最优水平 Q^*，就要采取某种形式的政府干预。一个有效的解决方案是向每个消费者按使用公共物品的数量来收取相应的费用，即每消耗单位公共物品 Y 分别向 A 和 B 收取 P_A 和 P_B 的费用，从而促使他们每人都要求公共物品 Y 保持最优的数量 Q^*。此时，A 和 B 各自需要支付的费用分别为 $P_A \times Q^*$ 和 $P_B \times Q^*$。

在经济低碳发展的研究中，明确碳排放的负外部性及其所具有的公共物品属性，有助于我们更好地运用外部性及公共物品理论解释并解决碳排放权交易机制问题。经济发展所产生的碳排放对生态环境具有负的外部效应，但由于碳排放具有典型的公共物品属性，在自由市场条件下难以通过价格机制形成有效的资源配置方式。这就需要政府对造成环境负外部性的高碳排放的相关主体进行碳排放配额限制，超出碳排放限额的部分就要责令其购买碳排放权，这样就能使发展低碳经济问题的外部性内部化，从而使市场失灵问题得以解决。另外，根据科斯定理，只要能够对碳排放赋予明确的私有产权，在交易成本足够低的情况下，通过碳交易市场本身就可以解决发展低碳经济的外部性问题。因此，政府通过赋予高碳排放企业明确的碳排放配额（碳排放权），并允许其在碳排放交易市场进行交易，这也可以解决发展低碳经济所带来的外部性问题。

2.3 本章小结

对低碳经济发展的经济逻辑进行理论阐释是推进区域经济顺利实现低碳转型的前提。首先，本章对低碳经济、温室气体、碳排放、碳足迹、碳交易等低碳经济的相关概念进行界定；其次，运用低碳经济理论对资源禀赋既定情况下技术选择、制度安排与产业低碳发展之间的关系进行论述，并对低碳经济发展的动力机制进行分析；最后，运用外部性和公共物品理论对低碳经济发展的市场化实现路径进行分析。主要研究结论，简要概括如下。

第一，低碳经济理论具有相对性、动态性、技术性、经济性和目标性等典型特征，认为一国或一个地区相关产业低碳化发展的主要驱动因素是技术进步和经济增长，而经济增长和产业低碳化发展的根本动力归根结底均是来源于技术进步和制度变迁。这与低碳经济依靠技术选择和制度安排实现经济的可持续发展的核心理念是一致的。另外，资源禀赋条件是一切产业经济发展的基础，而技术选择和制度安排也均要受资源禀赋条件的制约，同时也对它们产生影响。在低碳经济发展过程中，技术选择，尤其是适用性低碳生产技术的推广及应用，在很大程度上能够改变工业生产资料中化石能源的投入，继而减少生产活动所产生的碳排放。制度安排，如碳排放规制也在一定程度上直接或间接地改变着能源的投入结构和投入数量。而能源的投入结构和投入数量正是影响碳排放和经济产出水平的直接原因。

第二，资源禀赋、技术选择和环境规制是通过对生产要素投入和经济产出的直接影响而间接影响到企业生产碳排放和碳生产率，并进而影响到低碳经济发展的。相关因素对企业碳生产率的影响是通过对经济产出和企业生产碳排放的双重作用决定的。资源禀赋一般对经济产出具有正向影响，但其对生产要素的投入，继而对企业生产碳排放的影响方向却是不确定的。低碳生产技术的选择对企业生产碳排放的影响一般是负向的，但其对经济产出的影响方向还具有不确定性。政府部门的环境规制政策具有明确的目的性，但这些环境规制对企业生产所产生的经济效果如何还有待考证。

第三，气候变化问题具有外部性与公共物品的双重特性，解决此问题的可行路径有二：其一，通过政府干预来纠正碳资源配置上的市场失灵，如对高碳排放企业造成环境负外部性的行为征收碳税（庇古税），并对企业产生环境正外部性的绿色低碳行为进行补贴，从而使环境领域中的市场失灵问题得以解决；其二，政府对造成环境负外部性的高碳排放企业进行碳排放配额限制（碳排放权），并允许其在碳排放权交易市场进行交易，超出碳排放限额的部分就要责令其购买碳排放权，盈余的碳排放限额的部分可以在碳排放权交易市场上出售，这样就能使发展低碳经济问题的外部性内部化，从而使市场失灵问题得以解决。

第3章 03

河南经济低碳发展的进程评估

对河南经济的二氧化碳排放来源及结构特征进行核算分析是正确认识河南经济低碳发展状况的基础，而在此基础上对河南经济的低碳发展进程进行科学评价，则是洞悉河南经济低碳发展的动力机制和实现路径的客观依据。基于此，本章首先对河南省经济活动所产生的二氧化碳排放进行统计核算，其次对河南经济低碳发展进程进行理论分析，最后对河南经济低碳发展进程进行定量评估。

3.1 河南省二氧化碳排放的统计核算

关于二氧化碳排放的核算方法大致包括两种：一种是直接碳排放核算法，即仅对物质消耗过程中所产生的二氧化碳排放进行统计核算，最为典型的如化石能源的燃烧直接排放的二氧化碳；另一种是既考虑直接碳排放又考虑间接碳排放的综合碳排放核算法，间接碳排放主要是指物质生产过程中由于化石能源消耗所产生的二氧化碳，最为典型的如火电的生产需要消耗大量的煤炭等化石能源。直接碳排放核算法比较适用于宏观区域二氧化碳的统计核算，而综合碳排放核算法则比较适用于微观个体碳排放的统计核算。主要原因在于，若采用综合碳排放核算法对宏观区域二氧化碳排放进行核算就会面临两个方面的问题：一方面，化石能源消耗所产生的二氧化碳排放已经统计在直接碳排放部分中，但火电生产消耗化石能源所产生的二氧化碳又会在统计间接碳排放时被重复统计；另一方面，火电、水电、风电、核电等不同种类电力生产所产生的二氧化碳排放又存在着巨大差异，因此不同地区由于电力生产的种类和结构不同，则单位电力生产所产生的二氧化碳也不同。相应地，若采用直接碳排放核算法对微观个体的二氧化碳排放进行核算，也会漏掉电力消耗所产生的间接二氧化碳排放。因此，由于本书所关注的是河南省区域范围内的二氧化碳排放，本书采用直接碳排放核算法对河南省的二氧化碳排放进行统计核算。根据宋博和穆月英（2015）的研究成果，二氧化碳排放的计算公式如下：

$$CE = \sum CE_i = \sum \mu_i V_i \qquad (3-1)$$

式（3－1）中，CE 表示二氧化碳排放量，CE_i 为各种化石能源消耗所产生的二氧化碳排放量，μ_i 为各种化石能源消耗的二氧化碳排放参数，V_i 为各种化石能源的消耗量。则三大化石能源消耗的二氧化碳排放参数，如表 3－1 所示。

表 3－1　化石能源消耗的二氧化碳排放参数

参数名称	参数值	单位	数据来源
煤炭	2.6297	吨二氧化碳/吨（tCO_2/t）	赵荣钦等（2010）
石油	2.0431	吨二氧化碳/吨（tCO_2/t）	
天然气	1.1053	千克二氧化碳/立方米（$kgCO_2/m^3$）	

由于 2005 年以后河南省的能源统计口径发生了较大变化，因此本书所选择的样本期间是 2005～2017 年。则样本期间河南省的煤炭、石油、

天然气三大化石能源的消耗量，如表3-2所示。

表3-2　　2005~2017年河南省三大化石能源消耗量

年份	煤炭（万吨）	石油（万吨）	天然气（亿立方米）
2005	21209.89	1325.20	23.71
2006	24945.16	1378.67	30.53
2007	28021.48	1465.05	33.14
2008	28361.34	1511.58	36.60
2009	31284.15	1580.45	43.80
2010	28510.15	1741.05	47.45
2011	30759.22	1967.97	54.75
2012	29765.77	2170.96	73.82
2013	29930.48	2378.04	78.42
2014	29635.26	2275.26	75.07
2015	28652.00	2498.01	77.02
2016	29091.04	2364.72	93.01
2017	29261.24	2365.27	102.93

资料来源：由历年河南统计年鉴相关数据整理所得，其中煤炭消耗量为原煤和焦炭的加总，石油消耗量为原油、汽油、煤油、柴油和燃料油的加总。

运用式（3-1），并根据表3-1和表3-2可计算得到2005~2017年河南省三大化石能源消耗所产生的二氧化碳排放量及所占比例，如表3-3所示。

表3-3　　2005~2017年河南省二氧化碳排放情况

年份	总排放量（万吨）	煤炭排放量（万吨）	占比（%）	石油排放量（万吨）	占比（%）	天然气排放量（万吨）	占比（%）
2005	58745.63	21209.89	94.94	1325.20	4.61	23.71	0.45
2006	68752.91	24945.16	95.41	1378.67	4.10	30.53	0.49
2007	77048.07	28021.48	95.64	1465.05	3.89	33.14	0.48
2008	78075.12	28361.34	95.53	1511.58	3.96	36.60	0.52
2009	85981.54	31284.15	95.68	1580.45	3.76	43.80	0.56
2010	79055.27	28510.15	94.84	1741.05	4.50	47.45	0.66

续表

年份	总排放量（万吨）	煤炭排放量（万吨）	占比（%）	石油排放量（万吨）	占比（%）	天然气排放量（万吨）	占比（%）
2011	85514.00	30759.22	94.59	1967.97	4.70	54.75	0.71
2012	83527.07	29765.77	93.71	2170.96	5.31	73.82	0.98
2013	84434.25	29930.48	93.22	2378.04	5.76	78.42	1.03
2014	83410.87	29635.26	93.43	2275.26	5.57	75.07	0.99
2015	81301.89	28652.00	92.67	2498.01	6.28	77.02	1.05
2016	82360.78	29091.04	92.88	2364.72	5.87	93.01	1.25
2017	82919.11	29261.24	92.80	2365.27	5.83	102.93	1.37

由表3－3可知，2005～2017年河南省由化石能源消耗所产生的二氧化碳排放量总体上经历了一个先上升后平稳的变化趋势。其中，2005～2009年是河南省二氧化碳排放总量的快速增长阶段，年均增长率达到了11.59%，但随后却呈现出较为平稳的变化趋势。从二氧化碳排放结构上看，三大化石能源消耗所产生的二氧化碳排放中，煤炭消耗所产生的二氧化碳排放量占比最大，历年中均占到二氧化碳排放总量的92%以上；其次是石油，所占比例历年均不超过7%；最后是天然气，所占比例历年均不到2%。这说明河南省化石能源消耗所产生的二氧化碳排放中，煤炭消耗所产生的二氧化碳排放占据了绝对的主导作用。

但从河南省能源消耗二氧化碳排放结构的演化趋势上看，煤炭消耗所产生的二氧化碳所占比重呈现出了渐进的下降趋势，而石油和天然气消耗所产生的二氧化碳排放所占比重呈现出了上升趋势。这说明煤炭消耗所产生的二氧化碳排放对河南省二氧化碳排放总量的贡献正在缓慢下降。结合表3－2亦可知，虽然河南省目前的能源消费结构仍然是以煤炭为主，但这种对煤炭的过度依赖程度正在逐渐减弱，这也是2009年以后河南省二氧化碳排放总量从快速增长到逐渐平稳的主要驱动因素。

3.2 河南经济低碳发展进程评估的理论框架

低碳经济理论认为，单位 GDP 碳排放量、人均碳排放量和碳排放总量与时间之间的演化过程一般也均会表现出类似“环境库兹涅茨曲线”的倒“U”型曲线关系，且三种碳排放倒“U”型曲线的峰值会先后出现（见图 3－1），反映了低碳经济的发展进程是一个从单位 GDP 碳排放量不断减少到人均碳排放量不断降低，再到碳排放总量持续下降的过程。

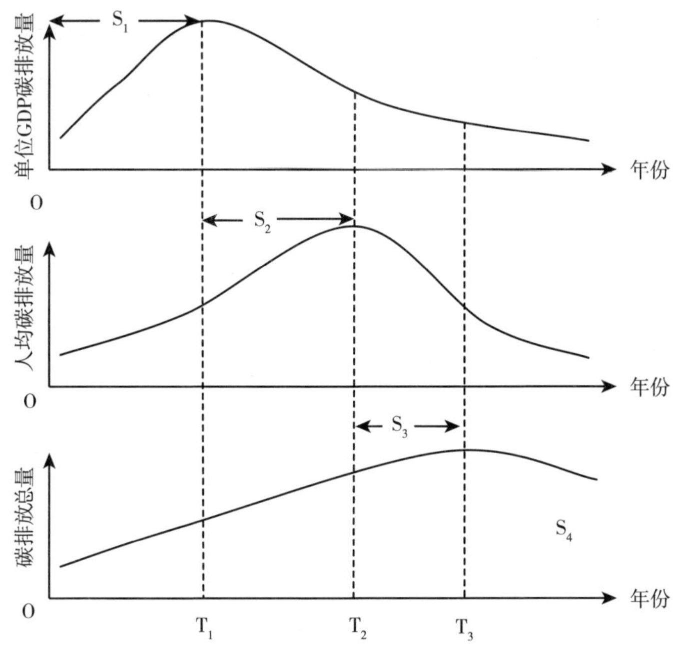

图 3－1　三种碳排放倒“U”型曲线及其相互关系

资料来源：本图参考了周宏春（2012）的研究成果（第 40 页中的图 2－4）。

如图 3－1 所示，根据三个倒“U”型曲线的峰值先后出现的关系，可以把一个国家或地区的低碳经济发展进程划分为 S_1、S_2、S_3 和 S_4 四个阶段。S_1 阶段是单位 GDP 碳排放量达到峰值之前的阶段，即单位 GDP 碳排放量、人均碳排放量和总碳排放量均在不断增加的阶段；S_2 阶段是单位 GDP 碳排放量达到峰值之后到人均碳排放量达到峰值之前的阶段，即单位 GDP 碳排放量不断减少，同时人均碳排放量和总碳排放量仍在不断增加的阶段；S_3 阶段是人均碳排放量达到峰值之后到总碳排放量达到峰值之前的阶段，即单位 GDP 碳排放量和人均碳排放量均在不断减少，但总碳排放量仍在不断增加的阶段；S_4 阶段是总碳排放量达到峰值之后的阶段，即三种碳排放量均在持续减少，但总碳排放量已逐渐趋于平稳的阶段。在 S_1 阶段，过度依赖化石能源的消耗对碳排放起主导作用；在 S_2 阶段，经济增长对碳排放起主导作用；在 S_3 阶段，低碳技术的进步对碳排放所起的作用日益增强，并逐渐抵消了人口和经济增长对碳排放的作用；而进入 S_4 阶段以后，低碳技术进步将持久地占据主导地位，碳排放总量将持续下降并最终趋于稳定。

3.3 河南经济低碳发展的进程评估

由前文可知，评估一个地区的低碳经济发展进程，最重要的衡量指标包括单位 GDP 二氧化碳排放量、人均二氧化碳排放量和二氧化碳排放总量。则 2005 ~ 2017 年，河南省单位 GDP 二氧化碳排放量、人均二氧化碳排放量和二氧化碳排放总量的变化趋势，如图 3 - 2 所示。

由图 3 - 2 可知，河南省从 2005 年开始单位 GDP 二氧化碳排放量就已出现了下降趋势，这说明河南省在 2005 年已经越过了低碳经济发展进程的 S_1 阶段。从人均二氧化碳排放量上看，河南省在 2011 年达到了峰值为 9.09 吨/人，随后呈现出了缓慢的下降趋势；这说明 2005 ~ 2011 年河南省的低碳经济发展进程近似为 S_2 阶段。但从二氧化碳排放总量指标上看，虽然 2011 年以后总体上看已经基本保持平稳，但也没有出现明显的

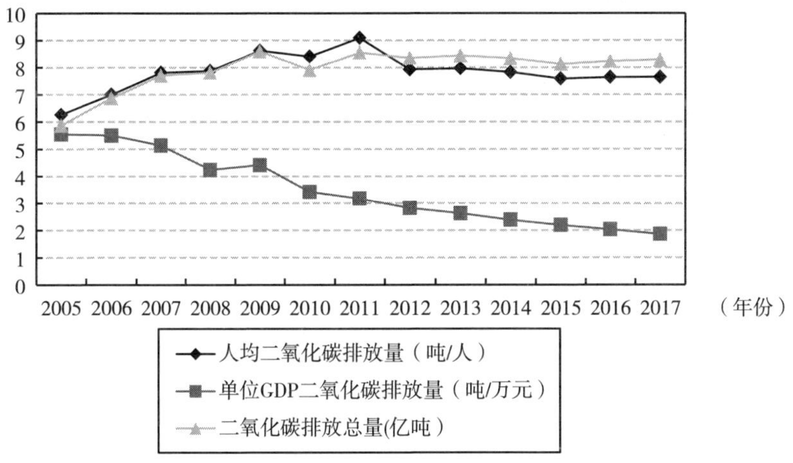

图 3－2　样本期间河南经济低碳发展变化趋势

资料来源：由历年河南统计年鉴相关数据整理所得。

拐点。因此，在一定程度上可以判断，目前河南省正处于从人均二氧化碳排放量不断减少，向二氧化碳排放总量峰值不断迈进的 S_3 阶段。

应对全球气候变暖，发展低碳经济，不能脱离发展阶段。在不同阶段，发展低碳经济的重点和目标应有所不同。在一国或一个地区的初级发展阶段，应注重降低单位 GDP 碳排放量；中期发展阶段应注重降低人均碳排放量；而处于发展后期阶段的国家和地区，则应该把降低总碳排放量作为重点。由于目前河南省的二氧化碳排放总量还在处于高位，因此需要通过技术创新推动技术进步，尤其是低碳生产技术的开发和利用，来降低河南省的二氧化碳排放总量才是明智之举。

3.4 本章小结

本章首先采用直接碳排放核算法对河南省能源消费所产生的二氧化碳排放进行统计核算，然后基于“环境库兹涅茨曲线”的倒“U”型曲线关系假说构建河南经济低碳发展进程评估的理论分析框架，最后根据单位 GDP 二氧化碳排放量、人均二氧化碳排放量和二氧化碳排放总量三个衡量指标对河南经济的低碳发展进程进行综合评估。主要研究结论简要概括如下。

第一，2005～2017 年河南省由化石能源消耗所产生的二氧化碳排放量总体上经历了一个先上升后平稳的变化趋势。其中，2005～2009 年是河南省二氧化碳排放总量的快速增长阶段，年均增长率达到了 11.59%，但随后却呈现出较为平稳的变化趋势。从二氧化碳排放结构上看，三大化石能源消耗所产生的二氧化碳排放中，煤炭消耗所产生的二氧化碳排放量占比最大，历年中均占到二氧化碳排放总量的 92% 以上；其次是石油，所占比例历年均不超过 7%；最后是天然气，所占比例历年均不到 2%。这说明河南省化石能源消耗所产生的二氧化碳排放中，煤炭消耗所产生的二氧化碳排放占据了绝对的主导作用。但从二氧化碳排放结构的演化趋势上看，煤炭消耗所产生的二氧化碳所占比重呈现出了渐进的下降趋势，而石油和天然气消耗所产生的二氧化碳排放所占比重呈现出了上升趋势。这说明煤炭消耗所产生的二氧化碳排放对河南省二氧化碳排放总量的贡献正在缓慢下降。虽然河南省目前的能源消费结构仍然是以煤炭为主，但这种对煤炭的过度依赖程度正在逐渐减弱，这也是 2009 年以后河南省二氧化碳排放总量从快速增长到逐渐平稳的主要驱动因素。

第二，根据三个倒“U”型曲线的峰值先后出现的关系，可以把一个国家或地区的低碳经济发展进程划分为 S_1、S_2、S_3 和 S_4 四个阶段。S_1 阶段是单位 GDP 碳排放量达到峰值之前的阶段，即单位 GDP 碳排放量、人均碳排放量和总碳排放量均在不断增加的阶段；S_2 阶段是单位 GDP 碳排放量达到峰值之后到人均碳排放量达到峰值之前的阶段，即单位 GDP 碳排放量不断减少，同时人均碳排放量和总碳排放量仍在不断增加的阶段；

S_3 阶段是人均碳排放量达到峰值之后到总碳排放量达到峰值之前的阶段，即单位 GDP 碳排放量和人均碳排放量均在不断减少，但总碳排放量仍在不断增加的阶段；S_4 阶段是总碳排放量达到峰值之后的阶段，即三种碳排放量均在持续减少，但总碳排放量已逐渐趋于平稳的阶段。在 S_1 阶段，过度依赖化石能源的消耗对碳排放起主导作用；在 S_2 阶段，经济增长对碳排放起主导作用；在 S_3 阶段，低碳技术的进步对碳排放所起的作用日益增强，并逐渐抵消了人口和经济增长对碳排放的作用；而进入 S_4 阶段以后，低碳技术进步将持久地占据主导地位，碳排放总量将持续下降并最终趋于稳定。

第三，河南省从 2005 年开始单位 GDP 二氧化碳排放量就已出现了下降趋势，这说明河南省在 2005 年已经越过了低碳经济发展进程的 S_1 阶段。从人均二氧化碳排放量上看，河南省在 2011 年达到了峰值为 9.09 吨/人，随后呈现出了缓慢的下降趋势；这说明 2005～2011 年河南省的低碳经济发展进程近似为 S_2 阶段。但从二氧化碳排放总量指标上看，虽然 2011 年以后总体上看已经基本保持平稳，但也没有出现明显的拐点。因此在一定程度上可以判断，目前河南省正处于从人均二氧化碳排放量不断减少，向二氧化碳排放总量峰值不断迈进的 S_3 阶段。应对全球气候变暖，发展低碳经济，不能脱离发展阶段。在不同阶段，发展低碳经济的重点和目标应有所不同。在一国或一个地区的初级发展阶段，应注重降低单位 GDP 碳排放量；中期发展阶段应注重降低人均碳排放量；而处于发展后期阶段的国家和地区，则应该把降低总碳排放量作为重点。由于目前河南省的二氧化碳排放总量还在处于高位，因此需要通过技术创新推动技术进步，尤其是低碳生产技术的开发和利用，来降低河南省的二氧化碳排放总量才是明智之举。

第4章 04

河南经济低碳发展的驱动因素分析

气候变化是当今人类面临的最为严峻的全球环境问题，人类活动产生的温室气体是导致气候变化的罪魁祸首。在此背景下，以“低能耗、低排放、低污染、高效率”为典型特征的低碳经济受到了广泛关注。中国于2016年率先批准《巴黎协定》传递了长期实施低碳经济发展的坚定信号，提出到2030年单位GDP的CO_2排放强度比2005年下降60%~65%，且CO_2排放总量达峰并争取早日达峰。随后，国务院印发了《“十三五”控制温室气体排放工作方案》，明确提出到2020年我国的二氧化碳排放强度要比2015年下降18%的控排目标，对河南省的碳排放强度要求是比2015年下降19.5%，高于全国的碳排放强度控制目标。另外，我国已经于2017年12月27日正式启动了全国性的碳排放权交易市场，河南经济的发展也将面临更加趋紧的碳排放约束。在此背景下，探索河南经济低碳发展的驱动因素对于河南省顺利实现二氧化碳控排目标具有重要意义。

4.1 低碳经济发展驱动因素的相关文献回顾

关于低碳经济发展驱动因素的研究，目前已有的文献按照研究思路进行梳理，大致可以分为两种。一种研究思路是构建非参数化的数理模型进行定量分析。这方面的研究又主要集中于对数平均迪氏指数（LMDI）分解方法的运用。如朱勤等（2009）基于扩展的Kaya恒等式建立因素分解模型，并应用LMDI分解方法对我国能源消费碳排放的驱动因素进行分析，结果显示样本期间经济产出效应的贡献率最大。王锋等（2010）和朱帮助等（2015）也运用Kaya恒等式和LMDI分解方法对我国经济发展中能源消费碳排放的驱动因素进行分析，并且纳入了更多的宏观经济因素变量，认为人均GDP是碳排放量增长的最大正向驱动因素，而单位GDP能耗下降是最大的负向驱动因素。仲云云和仲伟周（2012）运用LMDI三层完全分解方法对我国区域碳排放的驱动因素进行分析，也认为人均GDP和能源强度是主要驱动因素。卡梅洛斯等（Karmellos et al.，2016）运用LMDI-I分解分析方法对欧盟28国电力部门二氧化碳排放的驱动因素进行研究，结果表明经济增长的驱动作用最大，与朱勤等（2009）的研究结论一致。李磊和刘继（2011）运用LMDI分解方法对新疆工业二氧化碳排放强度的驱动因素进行分析，认为能耗强度的贡献较大。而运用其他非参数方法进行研究的相关成果，比较具有代表性的主要包括：徐盈之等（2011）运用改进的拉氏因素分解法对我国制造业碳排放的驱动因素进行分析，认为产出效应是主要的正向驱动因素，能源强度是主要的负向驱动因素，且存在较强的阶段性特点，与王锋等（2010）的研究结论颇为相似；李忠民和孙耀华（2011）基于IPAT方程对我国省域碳排放的驱动因素进行比较研究，认为不同省域之间存在较大差异；孙作人等（2012）和檀勤良等（2013）基于非参数距离函数和数据包络分析方法对我国碳排放及碳排放强度的驱动因素进行分析，结果表明能源强度、人均资本和技术效率的贡献较大；蔡等（Cai et al.，2020）运用结构分解分析（SDA）方法对中国碳足迹的驱动因素进行研究，结果表明碳排放强度和初级要素投入发挥了关键作用。

另一种研究思路是构建参数化的计量模型进行实证研究。这方面的研究又主要集中于对 STIRPAT 模型的扩展运用。如孙敬水等（2011）运用扩展的 STIRPAT 模型，根据浙江省 1990～2008 年的时间序列数据对低碳经济发展的驱动因素进行实证研究，结果显示人均 GDP 和能源强度对碳排放总量和人均碳排放量的影响较大。李卫兵和陈思（2011）对 STIRPAT 模型进行拓展，并运用省际面板数据对我国不同区域二氧化碳排放的驱动因素进行分析，结果表明人口、人均 GDP、产业结构和能源强度均具有显著影响，且在不同区域之间存在很大不同。而运用其他参数化方法进行研究的相关成果，比较具有代表性的主要包括：贾俊松（2010）运用递阶偏最小二乘法，根据中国 1952～2006 年的时间序列数据对我国能源消耗碳排放的宏观驱动因素进行实证分析，结果表明人口数量和经济发展水平的驱动作用最为重要；徐辉等（2013）根据我国西部省份 2000～2009 年的面板数据，运用固定效应模型对二氧化碳排放的驱动因素进行实证分析，结果表明 GDP 和能源强度具有显著影响；乔健和吴青龙（2017）基于 Kaya 恒等式构建碳排放强度的驱动因素模型，并采用省际面板数据进行实证分析，结果表明经济增长和能源消费强度是主要驱动因素。

综上所述，目前已有的相关研究具有如下特点：（1）在非参数化的数理模型中，LMDI 分解方法具有满足因素可逆、可消除残差项的优势，在低碳经济发展的驱动因素分解中得到了广泛应用；但需要注意的是，非参数化的数理模型虽然简单、易操作，且受样本量的限制较小，但也很容易受到样本异常值的负面影响，并且也不能对模型结果的可靠性进行统计上的假设检验。（2）在参数化的计量模型中，STIRPAT 模型虽在一定程度上克服了 IPAT 方程变量的非随机问题，但该模型的自变量中仍然包括含有因变量的复合自变量（如模型中因变量为碳排放量，而自变量中包含单位 GDP 碳排放量），这就使得以 STIRPAT 模型为基础构建的多元回归模型面临存在潜在的内生性问题。（3）从研究对象上看，目前已有的文献大都是针对碳排放总量或碳排放强度等单目标问题的研究，而低碳经济的发展进程却是一个涉及碳排放总量、人均碳排放量和碳排放强度的多目标问题，因此构建多方程模型更为适合。鉴于此，本章拟基于 Kaya 恒等式构建低碳经济发展的多目标多模型的理论分析框架，并运用参数化的双对数面板回归模型对河南经济低碳发展的驱动因素进行实证研究。

4.2 低碳经济发展驱动因素的理论框架与研究假说

环境问题归根结底是人口、资源、经济发展水平和技术进步等诸多因素共同作用的结果，导致全球气候变暖的“主凶”二氧化碳排放也不例外。关于表征经济发展对二氧化碳排放的影响的分析，最为著名和有效的工具是 Kaya 恒等式（Kaya，1989），其表达式为：

$$CO_2 = P \times (GDP/P) \times (E/GDP) \times (CO_2/E) \tag{4-1}$$

式（4－1）中，CO_2 是指二氧化碳排放量，可由各化石能源消耗量与其二氧化碳排放参数的乘积加总得到［具体计算方法参考式（3－1）和表 3－1］；P 表示人口数量，GDP/P 表示人均国内生产总值，是反映一个地区经济发展水平的重要指标；E 表示能源消耗量，E/GDP 表示单位国内生产总值能源消耗量，也叫能源强度，主要与生产技术水平有关；而 CO_2/E 表示单位能源二氧化碳排放量，主要与能源消费结构有关。根据上述理论模型的分析，可以提出如下研究假说：

假说 4.1：人口规模、经济发展水平、生产技术水平和能源消费结构是区域二氧化碳排放的关键驱动因素。

低碳经济理论认为，反映区域经济低碳发展进程的重要指标，除了绝对指标二氧化碳排放量之外，还包括人均二氧化碳排放量和单位 GDP 二氧化碳排放量两个相对指标（周宏春，2012）。将式（4-1）两端同时除以 P 可以得到式（4-2）：

$$CO_2/P = (GDP/P) \times (E/GDP) \times (CO_2/E) \quad (4-2)$$

式（4-2）中，CO_2/P 表示人均二氧化碳排放量，其余各变量如前所述。据此可以提出如下研究假说：

假说 4.2：经济发展水平、生产技术水平和能源消费结构是一个地区人均二氧化碳排放的关键驱动因素。

同理，将式（4-1）两端同时除以 GDP，通过整理可以得到式（4-3）：

$$CO_2/GDP = (E/GDP) \times (CO_2/E) \quad (4-3)$$

式（4-3）中，CO_2/GDP 表示单位 GDP 二氧化碳排放量，其余各变量如前所述。据此可以提出如下研究假说：

假说 4.3：生产技术水平和能源消费结构是一个地区单位生产总值二氧化碳排放的关键驱动因素。

本章接下来对基于低碳经济发展驱动因素理论分析所提出的三个研究假说进行实证检验。

4.3 河南经济低碳发展的驱动因素实证分析

4.3.1 变量选择与模型构建

Kaya 恒等式在低碳经济领域已经得到了广泛的应用，但也存在如下局限：仅能通过非参数化方法对二氧化碳排放的各驱动因素进行分解分析，难以运用假设检验的参数化方法对各驱动因素的系数、弹性等关键参数进行估计。针对上述局限性，本书拟通过如下方法将 Kaya 恒等式拓展为参数化的双对数回归模型。

根据前文所述，Kaya 恒等式（4－1）中的单位能源二氧化碳排放量主要与能源消费结构有关，由此我们不妨设定辅助回归模型：

$$CO_2/E = \alpha + \beta(FOS/E) + \varepsilon \tag{4-4}$$

式（4－4）中，CO_2/E 表示单位能源二氧化碳排放量；FOS 表示化石能源消耗量，则 FOS/E 表示化石能源占总能源消费量的比重，这里用于表征能源消费结构，其值越大说明区域经济对化石能源的依赖程度越高；α、β 为待估参数，ε 表示随机误差项。

另外，相关研究表明区域二氧化碳的排放除了与人口规模、经济发展水平、生产技术水平和能源消费结构有直接联系，还与产业结构相关（朱勤等，2009）。

基于此，分别对式（4－1）～式(4－3）两端取自然对数，然后将式(4－4)代入各式，并增加控制影响因素变量“第二产业产值占总产值的比重”用于表征产业结构，最后通过整理可得如下双对数多元回归模型。

模型Ⅰ：

$$\begin{aligned} Ln(CO_2) = {} & \alpha_1 + \beta_1 LnP + \beta_2 Ln(GDP/P) + \beta_3 Ln(E/GDP) \\ & + \beta_4 Ln(FOS/E) + \beta_5 Ln(SGDP/GDP) + \varepsilon_1 \end{aligned} \tag{4-5}$$

模型Ⅱ：

$$\begin{aligned} Ln(CO_2/P) = {} & \alpha_2 + \beta_6 Ln(GDP/P) + \beta_7 Ln(E/GDP) + \beta_8 Ln(FOS/E) \\ & + \beta_9 Ln(SGDP/GDP) + \varepsilon_2 \end{aligned} \tag{4-6}$$

模型Ⅲ：

$$LN(CO_2/GDP) = \alpha_3 + \beta_{10}LN(E/GDP) + \beta_{11}LN(FOS/E) + \beta_{12}LN(SGDP/GDP) + \varepsilon_3 \quad (4-7)$$

式（4-7）中，SGDP 表示第二产业产值，则 SGDP/GDP 表示第二产业产值占总产值的比重；$\alpha_i(i=1,2,3)$、$\beta_j(j=1,\cdots,12)$为待估参数，$\varepsilon_k(k=1,2,3)$为随机误差项，其余各变量如前所述。

4.3.2 数据来源与统计描述

研究数据一般包括截面数据和面板数据，由于面板数据在一定程度上能够有效解决遗漏变量偏差问题，又能够提供更多样本个体动态行为的信息，因此在实证研究中一般优先采用面板数据（陈强，2010）。由于2005 年以前河南统计年鉴中没有对各地级市的能源消费量进行分类统计，因此本书采用 2006～2017 年河南省 18 个地级市的面板数据[①]。但由于2011 年各地级市分类能源消费量的统计数据缺失严重，故剔除该年数据后的样本期是 11 年。

根据河南统计年鉴相关数据，样本期间工业部门能源消费占到能源消费总量的 70% 以上，因此河南省各地级市二氧化碳排放的统计核算是基于规模以上工业企业化石能源消费量进行计算的。则各模型自变量在面板数据下的统计描述结果，如表 4-1 所示。

表 4-1　各自变量面板数据统计描述

变量名称	变量指标	样本组别	均值	标准差	最小值	最大值
人口规模（万人）	P	整体	571.50	301.36	67	1194
		组间	—	306.75	68.73	1132.55
		组内	—	38.70	361.68	701.86

① 河南省 18 个地级市包括：郑州市、开封市、洛阳市、平顶山市、安阳市、鹤壁市、新乡市、焦作市、濮阳市、许昌市、漯河市、三门峡市、南阳市、商丘市、信阳市、周口市、驻马店市、济源市。

续表

变量名称	变量指标	样本组别	均值	标准差	最小值	最大值
经济发展水平（元/人）	GDP/P	整体	31769.65	17015.97	3555	93792
		组间	—	12532.08	16494.64	59587.55
		组内	—	11851.68	2921.10	65974.10
生产技术水平（千克标准煤/万元）	E/GDP	整体	1303.04	977.72	99.19	4228.38
		组间	—	900.01	236.39	3479.90
		组内	—	432.47	166.01	2753.71
能源消费结构（%）	FOS/E	整体	72.24	13.93	24.00	100.00
		组间	—	9.58	51.49	89.82
		组内	—	10.35	44.76	63.24
产业结构（%）	SGDP/GDP	整体	55.31	10.22	39.03	75.68
		组间	—	9.74	40.52	70.89
		组内	—	3.80	45.66	63.24

注：人口规模和经济发展水平为正向指标，其余为负向指标。一般情况下，生产技术水平越高，单位生产总值所消耗的能源（E/GDP）越低；化石能源占能源消费总量的比重（FOS/E）越高，能源消费结构越不合理；第二产业产值占总产值的比重越高产业结构越不合理。

根据表4-1，从整体样本上看，各自变量的标准差均较大，说明各自变量之间的差异性较为显著，这有利于检验各自变量对因变量的影响作用。从组间和组内样本看，除能源消费结构变量的组间标准差小于组内标准差外，其余各变量的组间标准差均明显大于组内标准差。这说明除能源消费结构变量之外，其余自变量的个体差异均显著大于时间差异。之所以出现能源消费结构的个体差异小于时间差异的现象，其原因可能是近年来河南省的能源消费结构升级较快，化石能源在能源消费中的比重正在逐渐下降。

4.3.3 模型估计与实证结果

本章根据2006~2017年河南省18个地级市的面板数据，并运用

STATA 11.2 统计软件对模型Ⅰ、模型Ⅱ和模型Ⅲ进行统计分析和参数估计。各模型的假设检验及参数估计结果，如表 4－2 所示。

表 4－2　　面板数据模型参数估计结果

项目	模型Ⅰ（Ln CO_2）		模型Ⅱ（Ln CO_2/P）		模型Ⅲ（Ln CO_2/GDP）	
	回归系数	聚类稳健标准差	回归系数	聚类稳健标准差	回归系数	聚类稳健标准差
Ln P	0.9938*	0.5275	—	—	—	—
Ln GDP/P	0.5447**	0.2503	0.5453**	0.2362	—	—
Ln E/GDP	0.6115**	0.2143	0.6140**	0.2306	0.9947***	0.0045
Ln FOS/E	0.9319***	0.1484	0.9295***	0.1675	0.9944***	0.0100
Ln SGDP/GDP	－0.1081	0.1790	－0.1069	0.1720	－0.0646*	0.0390
CONS	－11.43***	2.6851	－4.5849	4.5332	－3.0375***	－17.17
豪斯曼检验 Chi2（n）	42.97		52.81		0.82	
P-value	0.0000		0.0000		0.9356	
检验结果	选择固定效应模型		选择固定效应模型		选择随机效应模型	

注：*、**、*** 分别表示 10%、5% 和 1% 的显著性水平。

根据表 4－2 最后一行的豪斯曼检验结果可知，模型Ⅰ和模型Ⅱ均在 1% 的显著性水平上拒绝了“随机效应模型为正确模型”的原假设，因此模型Ⅰ和模型Ⅱ应该选择固定效应模型；而模型Ⅲ在 10% 的显著性水平上不能拒绝“随机效应模型为正确模型”的原假设，故模型Ⅲ选择随机效应模型。另外，由于模型Ⅰ、模型Ⅱ和模型Ⅲ均为双对数模型，因此各解释变量的回归系数均具有弹性意义。

由模型Ⅰ的参数估计结果可知，在 10% 的显著性水平上，人口规模对河南省二氧化碳排放具有正向影响；且在其他条件不变的情况下，人口数量每增加 1%，二氧化碳排放量就会增加 0.99%。在 5% 的显著性水平上，经济发展水平对河南省二氧化碳排放具有正向影响；且在其他条件不变的情况下，人均 GDP 每增加 1%，二氧化碳排放量就会增加

0.54%。在5%的显著性水平上，单位GDP能耗对河南省二氧化碳排放具有正向影响；且在其他条件不变的情况下，单位GDP能耗每增加1%，二氧化碳排放量就会增加0.61%。在1%的显著性水平上，化石能源占比对河南省二氧化碳排放具有正向影响；且在其他条件不变的情况下，化石能源占总能源消费量的比重每增加1%，二氧化碳排放量就会增加0.93%。因此，人口规模、经济发展水平、生产技术水平和能源消费结构对河南省二氧化碳排放均具有显著影响，且人口规模和能源消费结构的影响作用更强，理论假说4.1得到了实证检验。

由模型Ⅱ的参数估计结果可知，在5%的显著性水平上，经济发展水平对河南省人均二氧化碳排放具有正向影响；且在其他条件不变的情况下，人均GDP每增加1%，人均二氧化碳排放量就会增加0.55%。在5%的显著性水平上，单位GDP能耗对河南省人均二氧化碳排放具有正向影响；且在其他条件不变的情况下，单位GDP能耗每增加1%，人均二氧化碳排放量就会增加0.61%。在1%的显著性水平上，化石能源占比对河南省人均二氧化碳排放具有正向影响；且在其他条件不变的情况下，化石能源占总能源消费量的比重每增加1%，人均二氧化碳排放量就会增加0.93%。因此，经济发展水平、生产技术水平和能源消费结构对河南省人均二氧化碳排放均具有显著影响，且能源消费结构的影响作用更强，理论假说4.2得到了实证检验。

由模型Ⅲ的参数估计结果可知，在1%的显著性水平上，单位GDP能耗对河南省单位GDP二氧化碳排放具有正向影响；且在其他条件不变的情况下，单位GDP能耗每增加1%，单位GDP二氧化碳排放量就会增加0.99%。在1%的显著性水平上，化石能源占比对河南省单位GDP二氧化碳排放具有正向影响；且在其他条件不变的情况下，化石能源占总能源消费量的比重每增加1%，单位GDP二氧化碳排放量就会增加0.99%。因此，生产技术水平和能源消费结构对河南省单位GDP二氧化化碳排放均具有显著影响，且生产技术水平和能源消费结构的影响作用更强，理论假说4.3也得到了实证检验。至此，前文提出的三个理论假说均得到了充分的经验验证。但需要注意的是，控制变量产业结构仅在模型Ⅲ中在10%的显著性水平上通过了统计检验，而在模型Ⅰ和模型Ⅱ中在10%的显著性水平上均未能通过统计检验；可能的原因是河南省第二产业产值占总产值的比重在各地级市中均比较高，从而使得产业结构变量在样本中的个体差异性不足；这一点在表4-1中亦有所体现，河南省各地级市第二产业产值占总产值的比重的整体均值是55.31%，最大值是75.68%，最小值也达到了39.03%。

4.4 本章小结

本章首先基于Kaya恒等式构建河南省区域经济低碳发展的驱动因素的理论分析框架，并据此提出了三个理论假说。然后将Kaya恒等式拓展为参数化的双对数回归模型，并采用2006~2017年河南省18个地级市的面板数据对理论模型所提出的三个研究假说进行实证检验。主要研究结论如下：

（1）人口规模、经济发展水平、生产技术水平和能源消费结构对河南省二氧化碳排放均具有显著影响，是河南省区域二氧化碳排放的关键驱动因素，且人口规模和能源消费结构的驱动作用更强。

（2）经济发展水平、生产技术水平和能源消费结构对河南省人均二氧化碳排放均具有显著影响，是河南省人均二氧化碳排放的关键驱动因素，且能源消费结构的驱动作用最强。

（3）生产技术水平和能源消费结构对河南省单位GDP二氧化碳排放均具有显著影响，是河南省单位GDP二氧化碳排放的关键驱动因素，且生产技术水平和能源消费结构的驱动作用更强。

基于上述研究结论，可以得到以下政策启示：

（1）能源消费结构对于河南省区域二氧化碳排放总量、人均二氧化碳排放和单位 GDP 二氧化碳排放均具有很强的驱动作用，因此推动河南经济低碳发展进程，最为关键的是要着力优化能源消费结构，有效降低化石能源在能源消费结构中的比重。作为我国典型的内陆省份，虽然河南省化石能源在能源消费结构中的比重从 2006 年的 75. 85% 逐渐下降到了 2017 年的 69. 83%[①]，但显然这一数字仍然很高，其经济发展对传统化石能源，尤其是对煤炭的依赖性仍然非常突出。因此，政府部门应及时推出相关规制政策来控制河南省化石能源，尤其是煤炭的过量消费；同时，积极推出相关优惠政策来支持河南省清洁能源的开发和利用。

（2）生产技术水平对于河南省区域二氧化碳排放总量、人均二氧化碳排放和单位 GDP 二氧化碳排放均具有显著的驱动作用，尤其是对单位 GDP 二氧化碳排放的驱动作用更强。因此，河南省的财政资金应更多地投向科技研发领域；同时，政府部门可以考虑适时推出税收优惠等扶持政策来鼓励企业开发和使用清洁、低碳生产技术，以有效降低工业企业的单位产值能源消耗。

（3）经济发展水平对于河南省区域二氧化碳排放总量和人均二氧化碳排放均具有显著的驱动作用，但现阶段我们不能为了低碳转型而放弃经济发展。我国目前还是一个发展中国家，河南省的经济发展水平与我国的一些经济强省相比还有较大差距，尤其是人均收入。况且，已有研究表明，经济发展和二氧化碳排放的关系并不是一直正相关，而是随着经济发展水平的提高呈现出类似环境库兹涅茨倒“U”型曲线的关系（Narayan P. & Narayan S. ，2010）。

---

① 资料来源：由历年河南统计年鉴相关数据整理所得。

（4）人口规模对于河南省区域二氧化碳排放总量具有很强的驱动作用，但由于人口增长的速度受生物学规律的影响而惯性较大，并且河南省的人口基数很大，在相当长一段时期内人口还会继续增加，因此想要通过人口政策抑制河南省人口增长率的办法来降低二氧化碳排放的难度很大。

第5章 05

河南经济低碳发展的减排成本分析

低碳经济发展是可持续发展所要经历的一个必然环节。然而，如果低碳发展成为一个新的政策目标，那么低碳经济发展目标的实现对河南省经济产出将会产生何种程度的影响？即河南经济低碳发展的减排成本到底有多大？这是河南省发展低碳经济需要考虑的重大问题之一，它不仅关乎政府宏观政策的制定，而且与广大高排放工业企业进行低碳转型的切身利益也密切相关。因此，本章基于 2008 ~ 2019 年河南统计年鉴相关数据，运用参数化的环境方向性距离函数对河南经济低碳发展的减排成本进行分析。

5.1 距离函数在环境污染减排成本分析中的应用

对生态环境重要性的认识始于 20 世纪 80 年代，随着自然灾害频发和全球气候变暖给人类生存环境带来日益严重的挑战，学术界开始研究把环境变量引入可持续发展理论框架的可能性。环境污染的边际减排成本，也称环境污染的影子价格（shadow price，SP），能够衡量环境规制下经济主体的边际产出效应，目前已成为生态与环境经济学的重要概念。皮特曼（Pittman，1981）根据美国威斯康星州和密歇根州的 30 个造纸厂的数据，通过估计包含环境污染的超越对数生产函数测算了不同造纸厂环境污染的影子价格，并将其运用到包含期望产出和非期望产出的综合生产率指数的分析中。费尔等（Färe et al.，1993）首次基于生产技术构建并估计产出距离函数对非期望产出的影子价格进行估计，该方法与估计生产函数相比不仅能够测算非期望产出的影子价格，而且能够描述生产过程中投入和产出的技术结构，并对各生产主体相对于生产前沿面的环境技术效率进行评价。科金斯等（Coggins et al.，1996）运用产出距离函数方法，根据威斯康星热电公司的数据估算出了二氧化硫排放的影子价格，并阐述了通过估计产出距离函数测算环境污染影子价格的有效性，但也指出了没有对估计结果的精度进行检验的不足。

产出距离函数把期望产出和非期望产出看作是同比例增减的不加区分的量，然而实践中人们往往要求在增加或者至少不降低期望产出的同时最大比例地减少非期望产出。基于此，李等（Lee et al.，2002）引入方向性产出距离函数并运用数据包络分析（data envelopment analysis，DEA）的非参数化方法对韩国电力工业部门 1990～1995 年的二氧化硫等气体污染的影子价格进行了估计。方向性产出距离函数与产出距离函数相比考虑了在增加期望产出的同时降低非期望产出的有效途径，因此在测算环境污染的影子价格时更为有效。但通过 DEA 方法估计出来的方向性产出距离函数是不可微的，因此运用非参数化的 DEA 方法估计方向性产出距离函数测算环境污染的边际产出效应，其适用性是值得商榷的。鉴于非参数化方法在估计方向性产出距离函数时的局限性，费尔等（Färe et al.，2005；2006）构建了运用参数化方法估计方向性产出距离函数的分析框架，并运用该方法测算了1995年美国实行环境规制前后电力工业部门的二氧化硫排放的影子价格和1960～1996年美国农业部门使用杀虫剂等所造成的环境污染的影子价格。基于对以往环境污染影子价格的研究，费尔等（Färe et al.，2007）系统地比较了考虑环境因素的生产函数、产出距离函数和产出的方向性距离函数在测算环境污染影子价格时的异同，并进一步构建了运用基于产出的环境方向性距离函数在测算环境污染影子价格的一般分析框架，最后以美国1995年以后的煤电行业为案例说明了该分析方法的有效性。此研究在测算环境污染的影子价格的发展历程中具有里程碑意义，在一定程度上标志着运用环境方向性距离函数测算环境污染影子价格在理论和方法上已基本完善。

随后，环境方向性距离函数法在测算环境污染的影子价格方面得到了广泛运用，逐渐成为国内外学者普遍认可的测算环境污染影子价格的有效方法。涂正革（2009）基于面板数据构建方向性环境生产前沿函数模型，并运用非参数化方法对模型参数进行估计，分析了中国1998～2005年各地区工业二氧化硫排放的影子价格。陈诗一（2010）构建环境方向性距离函数，并分别运用参数化方法和非参数化方法对模型参数进行估计，测算了中国工业行业1980～2008年的二氧化碳排放的影子价格。上述两个研究为运用环境方向性距离函数测算中国环境污染的影子价格奠定了理论基础和提供了一般分析框架，随后国内运用该方法研究环境污染的影子价格的文献大量涌现。如袁鹏等（2011）运用方向性距离函数的参数化方法对2003～2008年中国地级市以上城市工业部门的废水、二氧化硫和烟尘等污染物的影子价格进行了测算，并分析了各地区污染物影子价格存在差异的原因。黄文若等（2012）运用环境方向性距离函数，并基于参数化方法估计了中国29个省份1995～2007年的二氧化碳排放的影子价格和绿色生产率。魏等（Wei et al.，2013）运用方向性距离函数的参数化方法测算了中国浙江省2004年热电工业的二氧化碳排放的影子价格，并对其影响因素进行了实证分析。吴荣贤等（2014）构建方向性距离函数，运用非参数方法测算了 1999～2011 年中国 31 个省（区、市，港、澳、台地区除外）的低碳农业绩效水平和农业碳排放的影子价格。张等（Zhang et al.，2014）分别运用参数化的方向性距离函数和谢泼德距离函数对中国“十一五”期间的省域碳排放的影子价格进行了比较分析。肖新成等（2014）根据三峡生态屏障区重庆段 2000～2012 年的面板数据，运用参数化的方向性距离函数测算了该区域样本期内农业面源污染的排放效率及影子价格，并结合面板数据随机效应 Tobit 模型对其影响因素进行了实证分析。宋博和穆月英（2015）运用参数化的环境方向性距离函数对中国省域设施蔬菜生产碳排放的影子价格进行分析。宋杰鲲等（2016）运用非参数化的 SBM 模型和方向性距离函数对中国各省份 2005～2012 年二氧化碳的影子价格进行了测算及比较分析。段等（Duan et al.，2017）运用超越对数形式的参数化方向性距离函数对中国钢铁行业的二氧化碳排放的影子价格进行研究。菲利普等（Philippe et al.，2017）运用非参数化的方向性距离函数对世界范围内 119 个国家 1990～2011 年碳排放的影子价格进行分析。周华容等（2018）采用方向性距离函数和门限回归模型对中国不同地区工业二氧化碳影子价格的异质性及影响因素进行研究。陈欣和刘延（2018）运用参数化的方向性距离函数对中国二氧化碳影子价格进行分析。蒋伟杰和张少华（2018）运用自体抽样方法（bootstrap method）对方向性距离函数进行参数估计，并测算了中国工业行业二氧化碳排放的影子价格。王倩和高翠云（2018）运用非参数化全局非径向方向性距离函数对中国省际碳排放的影子价格及其与碳生产率的关系进行分析。王等（Wang et al.，2018）运用参数化的方向性距离函数对中国建筑行业碳排放的影子价格进行分析。关等（Guan et al.，2018）运用非参数化的方向性距离函数对中国种植业碳排放的影子价格进行分析。汪中华和胡垚（2019）运用参数化二次型方向性产出距离函数和粒子群算法对中国碳排放的影子价格，以及碳排放权交易的市场价格扭曲进行了分析。程等（Cheng et al.，2020）运用非参数化的方向性距离函数对2003～2017年中国工业部门碳排放的影子价格进行测算。

综上所述，国内外关于环境污染影子价格的研究成果大致呈现出如下三个特征。第一，国外对环境污染的影子价格的研究起步较早，目前无论是理论基础、分析方法还是实践运用均已日臻完善，而国内关于环境污染的影子价格的研究则相对滞后，且主要是借鉴国外先进的研究方法对我国面临的环境问题进行研究。第二，环境污染的影子价格的测算方法在经历了估计生产函数、距离函数和方向性距离函数的发展过程后，运用方向性距离函数将环境污染因素纳入经济分析框架的处理方法得到了学术界较为一致的认同。第三，估计方向性距离函数的方法包括参数化方法和非参数化方法，但由于非参数化方法估计出来的方向性距离函数存在不可微的缺陷，因此在估计方向性距离函数测算环境污染的影子价格时运用参数化方法的成果较多，而非参数化方法则较少。基于此，本章拟采用参数化的环境方向性距离函数方法对河南经济二氧化碳排放的影子价格，即边际减排成本进行分析。

5.2 区域二氧化碳排放影子价格的理论分析

区域二氧化碳排放的影子价格测算对于二氧化碳减量排放和绿色发展具有重要的理论与实践意义。低碳经济理论认为，一国或一个地区二氧化碳排放的主要影响因素是经济增长和技术进步（周宏春，2012）。经济增长离不开能源的消耗，而我国目前的能源结构仍然是以化石能源为主，继而产生了大量的二氧化碳排放。因此，在能源结构相对稳定的情况下，二氧化碳的减量排放就会对经济增长造成一定的负面影响，也就是我们通常所说的二氧化碳的减排成本。同时，技术进步，尤其是低碳生产技术的应用在一定程度上也能够对区域二氧化碳排放产生重要影响。通过开发能源利用效率更高的低碳生产技术可以使得在实现同等经济产出水平的情况下消耗更少的化石能源，从而有效地实现二氧化碳的减量排放，也就是我们通常所说的低碳技术效率较高。因此，低碳技术效率的提高不仅可以直接促进二氧化碳减量排放，而且可以有效缓解二氧化碳减量排放对经济产出造成的负面影响。

但需要注意的是，在市场经济条件下，低碳生产技术的采用和低碳技术效率的提高并不会自发地出现。低碳生产技术的引进和研发是需要成本的，作为理性经济人的市场经济主体，只有在二氧化碳的减排成本高于低碳生产技术的采用成本时才会有动力提高低碳技术效率。否则，相关市场经济主体就没有主动提高低碳技术效率的动力，那么这些低碳技术也同样不能够有效地被运用到经济生产中。因此，一国或一个地区在进行二氧化碳减量排放时到底是应该选择牺牲一定的经济产出，还是应该选择提高低碳技术效率，关键的考量指标就是二氧化碳的边际减排成本，也称为二氧化碳排放的影子价格。

二氧化碳排放影子价格的准确厘定为市场经济主体有效参与全国碳排放权交易市场提供了决策基础。众所周知，二氧化碳是最为重要的温室气体，而由温室气体导致的全球气候变暖造成了人类赖以生存的自然环境发生不利改变，对整个社会具有很强的负外部效应。因此，外部性理论为二氧化碳排放问题的分析提供了相应的理论基础。根据外部性理论，解决二氧化碳排放的负外部性有两种思路：一种是政府干预机制，即向所有产生二氧化碳排放的经济主体征收碳税（类似于庇古税）；另一种是市场价格机制，即向重点高能耗企业赋予一定的碳排放权配额，并允许其在碳排放权交易市场上进行自由交易。由于碳排放权交易与碳税征收相比更符合市场经济的理论逻辑，在实践层面上也更容易操作和推行，因此包括中国在内的世界主要经济体均采用碳排放权交易机制。在这种机制下，二氧化碳排放的影子价格就成为参与碳排放权交易的决策基础。若二氧化碳排放的影子价格高于碳排放权交易市场价格，就应该购买碳排放权配额；反之，则应该卖出碳排放权配额。

5.3 区域二氧化碳排放影子价格的推导

本章基于环境技术构建环境方向性距离函数，并借鉴菲利普等（Philippe et al.，2017）的方法，根据环境方向性距离函数与二氧化碳排放的边际产出效应之间的微分关系推导出二氧化碳排放的影子价格。然后，借鉴王等（Wang et al.，2018）的方法构建参数化的二次型环境方向性距离函数，并运用最优化模型的线性规划方法对环境方向性距离函数的参数进行估计。

5.3.1 环境技术

经济生产的过程中会排放废气、废水和固体废弃物等环境污染物，这种不受欢迎的副产品我们可以称为“坏”产品，而正常的产出则可以称为“好”产品。包括“坏”产品在内的产出与投入之间的技术结构关系称为环境技术（Färe et al.，2005）。环境技术用生产可能性集合可表示为：

$$P(x) = \{(y,b): x \text{ can produce } (y,b)\},\ x \in R_+^N \quad (5-1)$$

式（5－1）中，$x=(x_1,x_2,\cdots,x_N) \in R_+^N$ 表示投入要素，$y=(y_1,y_2,\cdots,y_M) \in R_+^M$ 表示生产的期望产出，$b=(b_1,b_2,\cdots,b_L) \in R_+^L$ 表示非期望产出。

环境技术 $P(x)$ 描述的是在一定的生产技术条件下，所有可行的投入和产出之间的关系。环境技术是衡量环境技术效率的基础，实质上给出了环境产出的可能性边界，即给定要素投入条件下最大期望产出和最小非期望产出的可能性集。根据费尔等（Färe et al.，2005）的研究，在考虑环境因素的投入产出理论中污染物排放生产的可行性集合是一个凸的、有界的闭集，且 $P(0)=(0,0)$，即投入为零时期望产出和非期望产出也均为零。因此，环境技术具有如下特性：第一，投入的强可处置性。若 $x'\geqslant x$，则 $P(x)\subseteq P(x')$，即若投入增加，那么相应的产出至少不会减少。第二，期望产出和非期望产出的联合弱可处置性。若 $(y,b)\in P(x)$，且 $0\leqslant\theta\leqslant1$，则 $(\theta y,\theta b)\in P(x)$，即同比减少期望产出和非期望产出在技术上是可行的。该特性说明，为了使新的产出集是可行的，在边际上减少非期望产出的同时也必须减少期望产出，也即减少非期望产出是有成本的。第三，期望产出的强可处置性。若 $(y,b)\in P(x)$，则对于任意的 $y'\leqslant y$，有 $(y',b)\in P(x)$，即在投入和污染规模不变的条件下期望产出可多可少。该特性反映了环境管制约束下的技术效率的高低。第四，期望产出和非期望产出的零点关联性。若 $(y,b)\in P(x)$，且 $b=0$，则 $y=0$，即在任意的可行产出集内，如果没有非期望产出就得不到期望产出，也就是说非期望产出如同副产品一样，是和期望产出一起被生产出来的。

5.3.2　环境方向性距离函数

环境方向性距离函数是一个连续的实值函数，可以作为环境技术的功能代表。设 $g=(g_y,-g_b)$ 为表征“好”产品和“坏”产品产出变化的方向向量，且假设 $g\neq0$，则基于产出角度的环境方向性距离函数（environmental directional distance function，EDDF）可定义为：

$$\vec{D}_o(x,y,b;g_y,-g_b)=\max\{\lambda:(y+\lambda g_y,b-\lambda g_b)\in P(x)\}\quad(5-2)$$

环境方向性距离函数将环境污染看作是非期望产出，实际上给出了在一定的环境技术条件下，通过设定同等投入条件来追求期望产出增加和非期望产出减少的最大可能性。$\vec{D}_o(x,y,b;g_y,-g_b)=\lambda^*$ 表示，对于任意的可行性产出集 $(y,b)\in P(x)$，能够沿着方向向量 $g=(g_y,-g_b)$ 进行移动使得期望产出增加和非期望产出缩减，直到达到当前环境技术的前沿面为止，此时的产出集为（$y+\lambda^* g_y$，$b-\lambda^* g_b$）。因此，环境方向性距离函数值 λ^* 能够衡量各生产决策单元相对于前沿环境技术水平的差距，或称为环境技术非效率的大小。λ^* 越大说明该决策单元好产出继续增加和坏产出继续减少的潜能越大，表示该决策单元的环境技术产出越没有效率；若 λ^* 等于零，则表示该决策单元的环境技术效率已经达到了最高水平，即该决策单元已经处于环境技术的生产前沿面上。根据环境方向性距离函数的定义不难发现 $\lambda^*\geqslant 0$，且对于任意的 $\alpha\leqslant\lambda^*$ 均有下式成立：

$$\vec{D}_o(x,y+\alpha g_y,b-\alpha g_b;g)=\vec{D}_o(x,y,b;g)-\alpha \qquad (5-3)$$

式（5－3）也称为环境方向性距离函数的转移性。另外，环境方向性距离函数受环境技术 $P(x)$ 的约束，因此它还继承了 $P(x)$ 的特性，则根据 $P(x)$ 的四个特性，环境方向性距离函数还需满足：（1）若 $x'\geqslant x$，则 $\vec{D}_o(x',y,b;g)\geqslant\vec{D}_o(x,y,b;g)$；（2）若 $\vec{D}_o(x,y,b;g)\geqslant 0$，则对于任意的 $0\leqslant\theta\leqslant 1$，必有 $\vec{D}_o(x,\theta y,\theta b;g)\geqslant 0$；（3）若 $y'\geqslant y$，则 $\vec{D}_o(x,y',b;g)\leqslant\vec{D}_o(x,y,b;g)$；（4）若 $\vec{D}_o(x,y,b;g)\geqslant 0$，则 $b=0$ 意味着 $y=0$。

5.3.3　二氧化碳排放的影子价格

区域经济二氧化碳排放的影子价格也即区域经济生产活动二氧化碳的边际减排成本，是指在某一特定的生产技术条件下，生产活动过程中单位二氧化碳排放变化所导致的经济产出变化的价值形式，可以由产品生产二氧化碳排放的边际产出效应表示。根据环境技术期望产出和非期望产出的联合弱可处置性，在生产可能性集合 P(x)内，减少碳排放的代价是减少期望产出。则根据期望产出和非期望产出的关系，分别对式(5-2)两端对非期望产出 b 求导可得：

$$\frac{\partial D_o(x_k, y_k, b_k; g_y, -g_b)}{\partial y_k} \cdot \frac{dy_k}{db_k} + \frac{\partial D_o(x_k, y_k, b_k; g_y, -g_b)}{\partial b_k} = 0 \tag{5-4}$$

则根据式（5-4），经济生产二氧化碳排放的边际产出效应，也即区域经济二氧化碳排放的影子价格公式可表述为：

$$SP = \frac{dy}{db} = -\frac{\partial D_o(x, y, b; g_y, -g_b)/\partial b}{\partial D_o(x, y, b; g_y, -g_b)/\partial y} \tag{5-5}$$

参数化的环境方向性距离函数具有良好的微分性质，因此便于通过全微分方程求解环境污染的影子价格。但由于环境方向性距离函数的参数化形式并不是固定的，因此如何正确设定环境方向性距离函数参数化形式也尤为关键。超越对数函数和二次函数是最为常见的柔性函数。超越对数生产函数是任意函数形式很好的二阶近似，经常被用于其他产出距离函数的参数化，但却由于不满足转移性而不适用于环境方向性距离函数的参数化。二次函数也是对不确定函数的二阶近似，且能够很好地满足环境方向性距离函数的诸多特性，是目前运用最为广泛的环境方向性距离函数形式。

为了节约参数，设方向向量 $g=(g_y, -g_b)=(1, -1)$。这样设定以后的环境方向性距离函数表示，在投入给定的条件下，期望产出和非期望产出沿着单位方向向量以相同的比例进行增加和缩减，直到到达环境技术的生产前沿面。假设在经济生产中仅有一种期望产出 GDP 和一种非期望产出二氧化碳排放，则第 $k(k=1,2,\cdots,K)$ 个生产决策单元在 $t(t=1, 2,\cdots,T)$ 时期内的参数化环境方向性距离函数可构建为：

$$D_o^t(x_k^t, y_k^t, b_k^t; 1, -1) = \alpha_0 + \sum_{n=1}^{N} \alpha_n x_{kn}^t + \beta_1 y_k^t + \gamma_1 b_k^t + \frac{1}{2}\sum_{n=1}^{N}\sum_{n'=1}^{N} \alpha_{nn'} x_{kn}^t x_{kn'}^t$$
$$+ \frac{1}{2}\beta_2 (y_k^t)^2 + \frac{1}{2}\gamma_2 (b_k^t)^2 + \sum_{n=1}^{N} \nu_n x_{kn}^t b_k^t + \mu y_k^t b_k^t$$
$$+ \sum_{n=1}^{N} \delta_n x_{kn}^t y_k^t \qquad (5-6)$$

为了使各生产决策单元尽可能得到有效的参数估计量，可以通过最小化各时期所有生产决策单元与生产前沿面（环境方向性距离函数值为零）的偏差之和对式（5－6）进行参数估计，该最优化问题表述如下：

$$\min \sum_{t=1}^{T}\sum_{k=1}^{K}\left[D_o(x_k^t, y_k^t, b_k^t; 1, -1) - 0\right] \qquad (5-7)$$

$$\text{s. t.} \begin{cases} D_o(x_k^t, y_k^t, b_k^t; 1, -1) \geqslant 0 & (5-8a) \\ \partial D_o(x_k^t, y_k^t, b_k^t{}_k; 1, -1)/\partial b_k^t \geqslant 0 & (5-8b) \\ \partial D_o(x_k^t, y_k^t, b_k^t{}_k; 1, -1)/\partial y_k^t < 0 & (5-8c) \\ \beta_1 - \gamma_1 = -1,\ \beta_2 = \gamma_2 = \mu,\ \delta_n - \nu_n = 0 & (5-8d) \\ \alpha_{nn'} = \alpha_{n'n} & (5-8e) \\ t = 1, 2, \cdots, T; k = 1, 2, \cdots, K; n = 1, 2, \cdots, N \end{cases}$$

约束条件式（5－8a）确保所有生产决策单元均落在环境技术前沿面内或面上，即要求各决策单元在各时期的投入产出向量在当前环境技术条件下都是可行的；约束条件式（5－8b）和式（5－8c）则来源于环境方向性距离函数的特性式（5－2）和式（5－3），表示环境污染具有负的边际产出效应，且保证了由式（5－6）所决定的环境污染的影子价格是非负的；约束条件式（5－8d）对产出变量施加了一阶齐次性假定，用于满足环境方向性距离函数的转移性；约束条件式（5－8e）则赋予了环境方向性距离函数的二次函数形式的对称性，用于满足投入变量之间，以及产出变量之间的对称性要求。通过求解上述最优化问题可以得出式（5－6）中的所有参数，并进而计算出各时期每个生产决策单元的环境方向性距离函数值和二氧化碳排放的影子价格。

5.4 河南省二氧化碳排放的边际减排成本分析

5.4.1 数据来源及统计描述

本章的基础数据来源于2008~2019年河南统计年鉴，但由于2011年各地级市分类能源消费量的统计数据缺失严重，故剔除该年数据后共获得河南省18个地级市①11年的面板数据样本198个。经济生产的相关投入指标包括劳动、资本、能源，产出指标包括GDP和二氧化碳排放，其中GDP为期望产出，而二氧化碳排放为非期望产出。其中，劳动和资本分别用就业人员数量和固定资本投资进行衡量；能源用规模以上工业企业能源消耗量衡量②，二氧化碳排放是基于规模以上工业企业化石能源消费量进行计算的，可由各化石能源消耗量与其二氧化碳排放参数的乘积加总得到［具体计算方法参考式（3－1）和表3－1］。为了节约变量，将劳动变量指标进行单位化，则其余投入产出变量均变为每个劳动力的人均指标。各投入产出指标的描述统计，如表5－1所示。

表5－1　各投入产出指标的描述统计

项目	指标	平均值	标准差	最小值	最大值
不变投入	劳动（人）	1	0	1	1
可变投入 x_1	资本（万元）	4.65	3.09	0.54	15.48
可变投入 x_2	能源（吨标准煤）	3.38	3.29	0.13	16.54

① 河南省18个地级市包括：郑州市、开封市、洛阳市、平顶山市、安阳市、鹤壁市、新乡市、焦作市、濮阳市、许昌市、漯河市、三门峡市、南阳市、商丘市、信阳市、周口市、驻马店市、济源市。

② 根据河南统计年鉴相关数据，样本期间工业部门能源消费占到能源消费总量的70%以上，由于河南省各地级市的能源消耗量统计数据缺失，因此以工业部门能源消耗量近似替代。

续表

项目	指标	平均值	标准差	最小值	最大值
期望产出 y	GDP（万元）	5.40	2.88	1.20	16.28
非期望产出 b	二氧化碳排放（吨）	17.69	17.54	0.10	69.64

根据表5-1，从投入角度看，样本期间河南省各地级市的年人均资本投入和能源投入分别为4.65万元和3.38吨标准煤，且资本投入和能源投入在各地级市之间的差异性较大。从产出角度看，样本期间期望产出人均GDP均值为5.40万元，标准差为2.88万元，在各地级市之间的差异相对较小；而非期望产出人均二氧化碳排放量的均值为17.69吨，且在各地级市之间存在明显差异。

5.4.2 参数估计与分析

运用河南省18个地级市的面板数据对式（5-7）和式（5-8）所示的最优化问题进行求解，可以得到式（5-6）的所有参数估计结果，如表5-2所示。

表5-2 环境方向性距离函数的参数估计结果

参数	变量	估计值
α_0	Constant	0.4601
α_1	x_1	1.0633
α_2	x_2	0.9635
β_1	y	-1.0035
γ_1	b	-0.0035
α_{11}	$0.5x_1 \cdot x_1$	-0.0148
$\alpha_{12}=\alpha_{21}$	$0.5x_1 \cdot x_2$，$0.5x_2 \cdot x_1$	-0.0369
α_{22}	$0.5x_2 \cdot x_2$	-0.1150
$\beta_2=\gamma_2=\mu$	$0.5y \cdot y$，$0.5b \cdot b$，yb	-0.0003
$\nu_1=\delta_1$	x_1b，x_1y	0.0056
$\nu_2=\delta_2$	x_2b，x_2y	0.0027

将表5-2中的参数估计值代入式（5-6），并运用式（5-5）即可求出样本期间河南省不同年份各地级市二氧化碳排放的影子价格，也即经济低碳发展的边际减排成本。环境方向性距离函数值能够反映不同年份不同地区环境技术效率的大小，其值可以根据式（5-3）计算得出。则样本期间河南省不同年份各地级市二氧化碳排放的影子价格和环境方向性距离函数值，如表5-3所示。

表5-3　二氧化碳排放的影子价格及环境方向性距离函数值（选择年份）

项目	2007年		2010年		2015年		2018年	
	SP（元/吨）	EDDF（无量纲）	SP（元/吨）	EDDF（无量纲）	SP（元/吨）	EDDF（无量纲）	SP（元/吨）	EDDF（无量纲）
郑州市	216.81	1.10	330.19	0.76	639.30	1.60	755.93	0.00
开封市	14.93	0.15	64.11	0.19	205.95	1.17	284.05	1.16
洛阳市	112.75	1.49	237.75	2.29	443.20	3.54	630.59	4.09
平顶山市	0.00	1.86	0.00	1.64	154.02	3.72	294.59	4.07
安阳市	68.85	2.54	133.81	2.57	309.31	3.66	303.11	2.00
鹤壁市	77.73	2.75	181.74	3.91	299.25	3.83	470.52	5.29
新乡市	108.70	2.17	212.08	2.98	308.48	2.91	377.77	2.54
焦作市	159.17	2.74	267.47	3.04	442.43	3.46	520.55	2.61
濮阳市	70.05	1.40	137.93	1.52	270.71	2.01	429.78	3.33
许昌市	58.86	0.97	163.50	0.89	377.11	1.97	499.47	2.06
漯河市	57.42	0.54	121.86	0.59	268.23	1.55	388.92	2.25
三门峡市	147.42	2.58	313.20	2.95	658.33	6.69	942.64	8.25
南阳市	35.78	0.40	85.78	0.73	209.65	1.77	302.76	2.34
商丘市	3.25	0.74	35.92	1.03	124.83	1.48	203.56	2.02
信阳市	34.23	0.88	99.54	1.35	199.54	1.90	269.81	2.08
周口市	0.00	0.24	31.44	0.25	96.28	0.19	146.25	0.24
驻马店市	0.02	0.38	34.86	0.40	113.09	0.86	168.95	1.00
济源市	300.69	1.43	420.96	0.57	765.09	1.30	974.67	0.00
全省平均	81.48	1.35	159.56	1.54	326.93	2.42	442.44	2.52

由表5－3可知，样本期间河南省各地级市二氧化碳排放的影子价格呈现出明显的上升趋势，全省平均值从2007年的81.48元/吨上升到2018年的442.44元/吨，年均增长率高达40.27%；这说明样本期间河南省各地区实施低碳经济发展的边际减排成本均在大幅上升。从地区差异的视角看，2018年河南省二氧化碳排放的影子价格最高的是济源市和三门峡市，分别为974.67元/吨和942.64元/吨；而最低的是周口市和驻马店市，分别为146.25元/吨和168.95元/吨；影子价格最高的济源市是最低的周口市的6.66倍。这说明河南省各地级市之间在实施低碳经济发展的边际减排成本上存在显著差异。

环境方向性距离函数值是衡量环境技术效率大小的指标，其值越大说明该地区低碳技术水平距离技术前沿面越远，从而其低碳技术效率也越低；反之，其值越小则说明该地区低碳技术水平距离技术前沿面越近，因此其低碳技术效率也越高。根据表5－3，2018年郑州市和济源市的环境方向性距离函数值均为0，说明这两个地区的低碳生产技术水平均处于环境技术的生产前沿面上，从而其低碳技术效率在所有地区中是最高的。2018年河南省二氧化碳排放的环境方向性距离函数值最高的是三门峡市为8.25，远高于排在第二位的鹤壁市的5.29；这说明三门峡市的低碳生产技术效率最低，且远远低于其他地区。从样本期间不同年份的环境方向性距离函数值看，河南省除济源市、郑州市显著变小和周口市、焦作市、新乡市、安阳市保持稳定外，其余各地区均呈现出明显的上升趋势，使得全省平均值亦表现出上升趋势。这说明样本期间河南省各地区的低碳技术效率出现了分化现象，少数地区的低碳技术效率有所提高，一些地区基本保持不变，但大部分地区是下降的。

为了进一步从边际减排成本和低碳技术效率两个维度考察河南省低碳经济发展的路径选择，参考吴荣贤等（2014）的研究，根据碳排放的影子价格和环境方向性距离函数值分别与全省平均值之间的大小关系可以将各地区划分为“高成本高效率”“高成本低效率”“低成本高效率”“低成本低效率”四种类型。则基于2018年的二氧化碳排放影子价格和环境方向性距离函数值的地区分类结果，如表5-4所示。

表5-4　2018年河南省各地级市分类结果

低成本高效率地区	高成本高效率地区
开封市、安阳市、漯河市、南阳市、信阳市、周口市、驻马店市	郑州市、许昌市、济源市
低成本低效率地区	高成本低效率地区
平顶山市、新乡市、濮阳市	洛阳市、鹤壁市、焦作市、三门峡市

由表5-4可知，开封市、安阳市、漯河市、南阳市、信阳市、周口市、驻马店市7个地级市属于“低成本高效率”的地区，说明这些地区发展低碳经济的边际减排成本较低而低碳技术效率较高，再想通过提高低碳技术水平进行减排的难度很大，而通过减少经济活动的生产要素投入实现减排目标才是明智之举。平顶山市、新乡市、濮阳市3个地级市属于“低成本低效率”地区，说明这些地区发展低碳经济的边际减排成本和低碳技术效率均较低，既可以通过减少生产要素投入，也可以通过提高低碳技术效率而实现减排，此类地区也是减排能力最强的地区。洛阳市、鹤壁市、焦作市、三门峡市4个地级市属于“高成本低效率”地区，说明这几个地区发展低碳经济的边际减排成本较高而低碳技术效率较低，要想通过减少生产要素投入进行减排的经济代价较高，而通过提高低碳技术水平，缩小与河南省其他地区的低碳技术效率差距则更为可取。郑州市、许昌市、济源市3个地级市属于“高成本高效率”的地区，说明这些地区发展低碳经济的边际减排成本和低碳技术效率均较高；一方面通过减少生产要素投入进行减排对经济产出的负面影响较大，另一方面也难以通过提高低碳技术效率来减少二氧化碳排放，因此此类地区也是减排难度最大的地区。

5.4.3 河南省二氧化碳排放的环境成本分析

环境污染的影子价格是环境成本核算的基石。由于环境污染排放权交易市场的缺失或不完善，因此环境污染的市场价格一般不能够被直接观察到。而二氧化碳排放的影子价格作为二氧化碳排放的边际减排成本，则可以应用到环境成本的核算中。区域二氧化碳排放的环境成本可以表示为该地区经济活动产生的二氧化碳排放与其影子价格的乘积，而该地区总产值剔除相应的环境成本以后的净产值则称为绿色产值或绿色 GDP（Färe et al.，2006）。根据上述分析，样本期间河南省各地级市的年均绿色产值、环境成本及环境成本占总产值的比重，如图 5－1 所示。

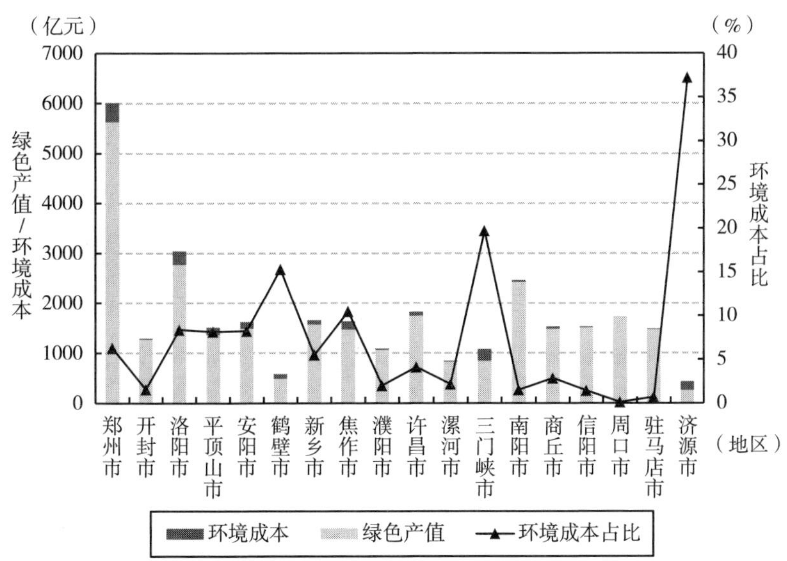

图 5－1 绿色产值、环境成本及环境成本占比

资料来源：根据 2019 年河南统计年鉴相关数据计算所得。

由图 5－1 可知，河南省各地级市中二氧化碳排放的环境成本最高的是郑州市、洛阳市和三门峡市，分别为 377.51 亿元、269.00 亿元和 234.02 亿元，分别占各地区生产总产值的 6.30%、8.38% 和 19.71%；

环境成本最低的是周口市、驻马店市和漯河市，分别为2.02亿元、12.47亿元和19.72亿元，分别仅占各地区生产总产值的0.12%、0.70%和2.19%。其余各地区二氧化碳排放的环境成本按从大到小的顺序分别为济源市、焦作市、平顶山市、安阳市、鹤壁市、新乡市、许昌市、商丘市、南阳市、开封市、信阳市和濮阳市。各地区二氧化碳排放的环境成本平均为109.24亿元，占总产值的比重平均为7.55%。剔除环境成本后，各地级市的绿色GDP平均为1634.23亿元。

5.5 本章小结

本章构建了参数化的二次型环境方向性距离函数，并运用最优化模型算法对函数参数进行估计，进而根据环境方向性距离函数与二氧化碳排放边际产出效应的关系提出了推导二氧化碳排放影子价格的方法。随后，根据所建分析框架对河南省各地级市发展低碳经济的边际减排成本、环境技术效率、环境成本及绿色产值进行了测算及分析。主要研究结论概括如下：

（1）样本期间河南省各地级市二氧化碳排放的影子价格呈现出明显的上升趋势，全省平均值从2007年的81.48元/吨上升到2018年的442.44元/吨，年均增长率高达40.27%；这说明样本期间河南省各地区实施低碳经济发展的边际减排成本均在大幅上升。2018年河南省二氧化碳排放的影子价格最高的是济源市和三门峡市，分别为974.67元/吨和942.64元/吨；而最低的是周口市和驻马店市，分别为146.25元/吨和168.95元/吨；影子价格最高的济源市是最低的周口市的6.66倍，说明河南省各地级市之间在实施低碳经济发展的边际减排成本上存在显著差异。2018年郑州市和济源市的低碳技术效率是最高的，三门峡市的低碳生产技术效率最低，且远远低于其他地区。样本期间河南省各地区的低碳技术效率出现了分化现象，少数地区的低碳技术效率有所提高，一些地区基本保持不变，但大部分地区是下降的。

（2）开封市、安阳市、漯河市、南阳市、信阳市、周口市、驻马店市7个地级市属于“低成本高效率”的地区，这些地区发展低碳经济的边际减排成本较低而低碳技术效率较高，再想通过提高低碳技术水平进行减排的难度很大，而通过减少经济活动的生产要素投入实现减排目标才是明智之举。平顶山市、新乡市、濮阳市3个地级市属于“低成本低效率”地区，说明这些地区发展低碳经济的边际减排成本和低碳技术效率均较低，既可以通过减少生产要素投入，也可以通过提高低碳技术效率而实现减排，此类地区也是减排能力最强的地区。洛阳市、鹤壁市、焦作市、三门峡市4个地级市属于“高成本低效率”地区，说明这几个地区发展低碳经济的边际减排成本较高而低碳技术效率较低，要想通过减少生产要素投入进行减排的经济代价较高，而通过提高低碳技术水平，缩小与河南省其他地区的低碳技术效率差距则更为可取。郑州市、许昌市、济源市3个地级市属于“高成本高效率”的地区，说明这些地区发展低碳经济的边际减排成本和低碳技术效率均较高；一方面通过减少生产要素投入进行减排对经济产出的负面影响较大，另一方面也难以通过提高低碳技术效率来减少二氧化碳排放，因此此类地区也是减排难度最大的地区。

（3）河南省各地级市中二氧化碳排放的环境成本最高的是郑州市、洛阳市和三门峡市，分别为377.51亿元、269.00亿元和234.02亿元，分别占各地区生产总产值的6.30%、8.38%和19.71%；环境成本最低的是周口市、驻马店市和漯河市，分别为2.02亿元、12.47亿元和19.72亿元，分别仅占各地区生产总产值的0.12%、0.70%和2.19%。其余各地区二氧化碳排放的环境成本按从大到小的顺序分别为济源市、焦作市、平顶山市、安阳市、鹤壁市、新乡市、许昌市、商丘市、南阳市、开封市、信阳市和濮阳市。各地区二氧化碳排放的环境成本平均为109.24亿元，占总产值的比重平均为7.55%。剔除环境成本后，各地级市的绿色GDP平均为1634.23亿元。

根据上述研究结论，本章提出了推进河南省低碳经济发展的几点对策建议，具体总结如下。

（1）协调各地级市的低碳经济发展进程，尽力缩小各地区之间二氧化碳排放边际减排成本和低碳技术效率的显著差异。二氧化碳排放边际减排成本较大的地区可以通过提高经济活动生产要素的使用效率减少二氧化碳排放的边际减排成本，而低碳技术效率较低的地区则可以通过与低碳技术效率较高的地区进行技术交流和学习来提高自身的低碳生产技术水平。

（2）政府部门应根据各地级市的资源禀赋条件，因地制宜地促进不同类型地区的低碳经济发展。“高成本高效率”的地区减排难度很大，政府部门应适当给予政策支持和优惠；“高成本低效率”的地区可以优先考虑通过提高环境技术水平实现减排；“低成本高效率”的地区可以考虑牺牲一定的经济产出，通过减少生产要素的投入量减少二氧化碳排放；而“低成本低效率”的地区减排潜力最大，可以同时通过减少生产要素投入和提高低碳技术水平达到减排目标。

（3）充分考虑经济活动生产过程中所产生的二氧化碳排放给社会带来的负面环境成本，相关部门应将其纳入各地区经济价值的核算体系中，大力倡导低碳经济发展的绿色GDP，积极推进区域经济的低碳化发展进程，制定相关优惠政策鼓励河南经济朝着绿色、低碳的方向发展。

第6章 06

河南经济低碳发展的实现路径分析

河南省的经济发展已经进入了以转型促发展和全面推进“四化两型”建设的新阶段，现在面临的局面是加快发展与加快转型两重任务所带来的双重压力。在生态环境问题越来越严重和低碳经济发展越来越迫切的背景下，河南省高碳排放的工业产业在产业结构中仍占较高比重，能源结构中化石能源占比仍然居高不下，低碳生产技术水平低下，碳减排政策法规不健全，二氧化碳减排压力越来越大。因此，发展低碳经济已成为河南经济可持续发展的必由之路。基于此，本章结合前文研究结论从产业结构、能源结构、低碳技术、减排知识及碳排放配额设定五个方面对河南经济低碳发展的实现路径进行探讨。

6.1 河南经济低碳发展的现状与问题

6.1.1 河南经济低碳发展的现状

低碳经济是指尽可能用创新低碳技术、调整能源结构、完善制度法规、调整产业结构等方式，减少化石能源的使用，开发利用清洁能源，减少温室气体的排放，让经济与环境相辅相成，一起实现可持续发展。随着经济发展水平的提高，庞大的化石能源消耗量和二氧化碳排放使得生态环境破坏状况日渐严峻。截至2018年底，郑州市累计推广了新能源汽车4333辆，投放了各类共享单车50多万辆，并且拓宽了自行车专用的骑游畅行绿化道路，增加了共享单车投放点的数量①。在此过程中，为广阔的低碳消费市场建立打下了良好基础。低碳经济发展是国际发展的潮流，然而目前河南省的低碳经济发展水平仍然有待提高。

二氧化碳排放的主要来源是能源消耗带来的碳排放，河南是新兴工业大省、农业和粮食生产大省，多年以来，河南省的能源消耗量一直高于全国平均水平，可见河南省的经济发展是以大量的物质资本投入和能源过度消耗作为代价的。根据2018年河南统计年鉴，2017年全省能源消费总量为22944万吨标准煤，其中煤炭、石油、天然气三大化石能源的消费量分别为16818万吨标准煤、3235万吨标准煤和1354万吨标准煤。三大化石能源消费量占河南省能源消费总量的93.30%，而仅仅煤炭消费所产生的能源就占到河南省能源消费总量的73.30%。而根据2018年中国统计年鉴进行测算，2017年中国化石能源消费量占能源消费总量的比重是86.2%，而煤炭消费量占能源消费总量的比重为60.40%。由此可见，河南省化石能源消耗量和煤炭消耗量占能源消费总量的比重分别比全国水平高出7.10%和12.90%。因此，河南省的能源消费结构升级还任重而道远。

化石能源消耗是二氧化碳排放的主要来源。近年来，河南省化石能源消耗所产生的二氧化碳的排放状况呈现二氧化碳排放总量先增长后稳定，单位GDP二氧化碳排放量持续下降的总体趋势（见图6－1）。另外，根据2018年河南统计年鉴和中国统计年鉴数据进行测算［具体计

① 郑州共享单车超50万辆，“饱和”的12万辆将逐渐退市［N］. 大河报，2018－10－24.

算方法参考式（3－1）和表3－1]，2017年河南省能源消耗所产生的二氧化碳排放量占全国二氧化碳排放总量的5.66%，而经济生产总值仅占全国GDP的5.49%，因此河南省的单位GDP碳排放强度高于全国平均水平。

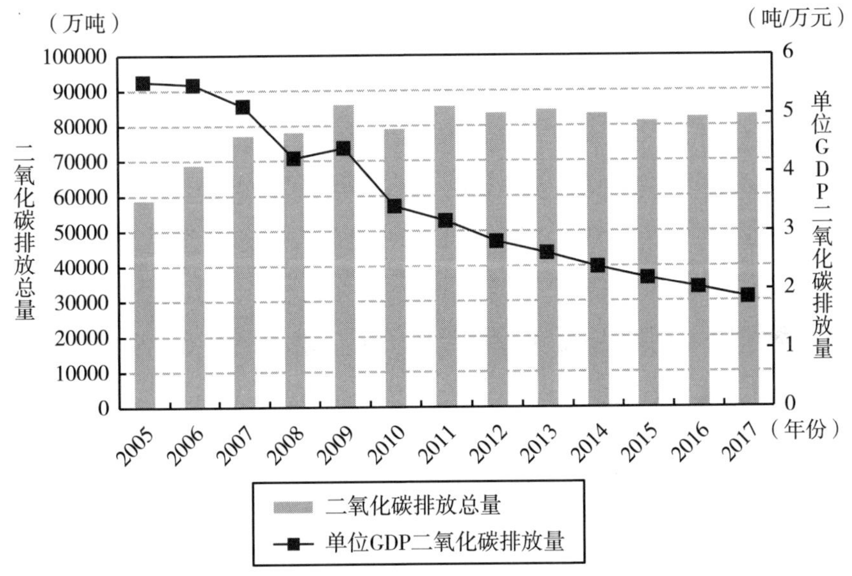

图6－1 河南省化石能源二氧化碳排放状况

6.1.2 河南经济低碳发展存在的问题

一是产业结构不完善。根据河南统计年鉴的数据，河南省2010年、2014年和2018年的三次产业结构分为13.7∶55.5∶30.4、11.8∶51.1∶37.2、8.9∶45.9∶45.2。由此可以看出，河南省的第一产业和第二产业产值所占比重有所下降，第三产业产值所占比重有所上升，整体的产业结构有所优化，但同我国发达地区相比而言，产业结构层次依然有待改善。不难发现，截至2018年河南省第二产业产值在整个产业结构中的比重仍然是最大的，这与发达地区以第三产业为主导的经济发展模式还存在一定的差距。在第二产业中原材料、能源类企业所占比重较高，其中高耗能工业比重高达42.6%。一般情况，高能耗、高排放的第二产业在生产同样价值的商品时比第三产业消耗的能源明显更多，排放的二氧化碳等污染气体也更多。虽然河南省第三产业一直在发展，但仍然掩盖不了第二产业占比最多的事实，不完善的产业结构不仅会排放更多的二氧化碳而且会限制河南经济的可持续发展。

二是能源结构不合理。一方面，河南省能源需求量大。目前河南省的工业及高碳排放产业仍然是经济发展的主力军，在这一过程中河南省不可避免地要耗费相对更多的能源，对能源的需求量较大。根据2018年河南统计年鉴，2017年河南省煤炭的消费量为16818万吨标准煤，但其中有6个行业的煤炭消费量竟然占到河南省煤炭消费总量的90%以上，这6个行业分别是钢铁、化工、电力、有色金属、煤炭洗选和焦化，可想而知这些行业都属于高碳排放行业，能源消费量大、二氧化碳排放多、环境污染大。而在2018年，河南加快发展煤炭行业，仅煤炭行业利润就达到了37.7亿元，煤炭在河南省能源的数量最多，对煤炭的需求也是最大，导致河南省的减排目标与经济发展目标存在一定的矛盾。

另一方面，河南省能源结构不合理。河南省是能源生产大省，煤矿数量众多，长期以来煤炭的消费量占能源消耗的70%以上。如图6-2所示，在能源消费结构中，煤炭消费量占比最高，石油次之，而天然气的消费量仅占5.85%。虽然河南省也一直在大力提倡发展水电、风电等低碳能源，但传统使用习惯以及河南煤炭量多的现状使得低碳能源的发展较慢，推广普及率也远远不够。根据2018年河南经济蓝皮书，2017年全省煤炭消费量2.3亿吨，在一次能源消费量中比例超过了73.00%，高于全国平均水平13个百分点。河南煤炭量多的现状决定了能源结构的不合理状况将会继续存在，这势必会消耗更多高碳能源，排放更多的二氧化碳，河南经济低碳转型所面临的困境仍将长期存在。

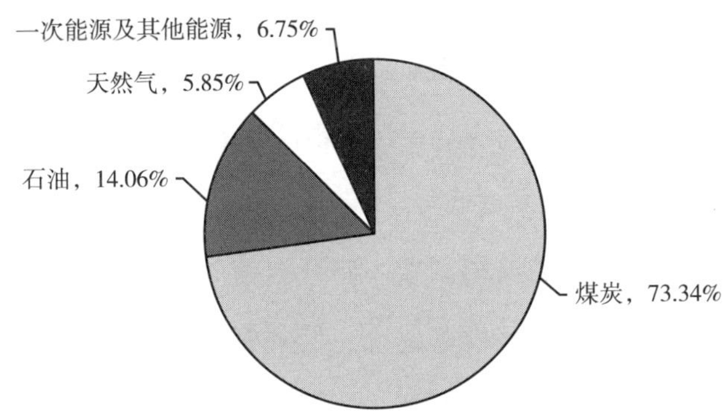

图6－2　2017年河南各能源使用情况

资料来源：2018年河南统计年鉴。

三是能源利用率低。河南省目前仍以使用高碳能源为主，单位生产总值能耗比较高。根据2018年河南统计年鉴，虽然2017年河南省每万元地区生产总值能耗同比下降了7.9%，但与全国平均水平相比仍然处于高位。另外，河南省很多乡镇煤矿的平均回采率仅为10%左右，能源利用效率低下，提高能源利用率势在必行。

四是低碳技术落后。河南省要想真正实现低碳经济发展，尤为重要的就是提高低碳技术水平。目前，河南省低碳技术较为落后，对低碳技术的创新能力不足，对低碳技术的支持力度不够，投入的研发费用较低，低碳技术中的核心技术一直没能取得突破。相比之下，发达国家不论是投入费用还是人员支持，力度都较大，低碳技术的发展已经远远领先我们。针对目前河南省煤炭量多，在工业生产消费中主要使用煤炭的现状，河南省发展低碳技术应该首先从发展煤炭的使用及煤炭的清洁排放技术入手。但河南省目前在煤炭方面的技术仍停留在初级发展阶段，没有深入开发生产煤炭的深加工产品，关于高新技术等科技含量高的清洁生产技术在河南省的采用率很低，低碳技术的落后使得煤炭的利用率低下，继而产生了大量的二氧化碳排放。

五是环保制度不健全。我国是法治社会，任何领域的发展都离不开法制的支持。目前针对河南省低碳经济的发展，政府部门虽然也制定了不少的规章制度，如《河南省减少污染物排放条例》《河南省发展低碳经济的指导意见》《河南省发展低碳经济促进办法》等，但没有系统的、操作性强的发展低碳经济的法律制度。而且有关低碳发展的体制机制还不够健全，没有能够体现低碳发展奖励、低碳资源补偿、生态环境保护的政策法规。以 GDP 增长为最终目标的发展模式忽视了在追求经济增长过程中所付出的环境代价。

另外，环保执法部门对控排企业的监督不到位。一些高污染、高排放的企业为了经济的发展而违反二氧化碳减排的相关规定，在面对环境监管部门的监督时，可能会发生企业人员向监督人员行贿寻租的现象，造成环保部门对相关企业的监督不力。而且地方政府有时也会为了当地的经济发展保留对环境污染较大的企业，对相关污染企业的处罚力度相对较轻，不足以震慑违规企业，进一步造成对高污染企业的监督不到位。因此，从目前综合看来，河南经济低碳发展的环保制度仍有待完善和加强。

六是低碳意识薄弱。河南省大多数高污染高排放企业缺乏前瞻性，往往只能看到眼前的利益，因此不愿承担治理污染、节能减排所带来的成本。传统的生产理念和管理模式已经在他们的脑海中根深蒂固，对低碳经济的理解有所欠缺，墨守成规不愿做出改变，没有看到继续高碳发展的危险性。在这一点上不仅仅是企业，河南省民众对于低碳发展的认识也相对淡薄，未形成良好的低碳生活习惯，因此一定的低碳宣传与绿色教育必不可少，若想使人们养成低碳的行为习惯，企业进行低碳转型，转变人们的思想观念也必不可少。

6.2 河南经济低碳发展的路径选择

6.2.1 河南经济低碳发展的路径分析

根据以上河南经济低碳发展的现状和存在的问题，本章主要从产业结构调整、能源结构转型、绿色金融支持三个方面对河南经济低碳发展的路径选择进行分析。

1. 产业结构调整路径

高新技术产业和现代服务业都属于低碳产业。高新技术产业技术创新程度高、生产污染小、排放有害气体少，带来经济增长的同时又实现了低碳发展的目标。河南省应针对这一产业大力扶持、奖励相关产业，并给予它们一定的税收优惠和财政补贴等来支持和推动河南省高新技术产业的发展。以现代服务业为代表的第三产业也是低碳产业，其排放污染少、消耗能源低，随着人们生活水平的提高，现代服务业发展潜力巨大。而河南省历史悠久、文化深厚，发展文化旅游业的现代服务业是最能直接促进河南经济低碳发展的方式。根据 2018 年河南统计年鉴，河南省共有旅游资源单体 39802 个，其中五级资源 946 个，四级资源 3982 个，三级资源 11321 个，国家级自然保护区 13 个；地下文物居全国第一，地上文物居全国第二。河南省应积极开发老君山、龙门石窟、嵩山等名胜风景区，并加以合理利用，提高相关景点的服务质量，打造河南现代服务业的口碑，继而推动河南省第三产业的快速发展。根据 2018 年河南统计年鉴，河南 2017 年旅游业营业收入为 98182 万元，与去年相比增长 9.6%，现代服务业发展迅速。

近几年河南省一直在致力于发展第三产业，如图 6－3 所示，2013～2018 年河南省第三产业增长迅速，2018 年第三产业增加值占 GDP 的比重为45.2%，比 2013 年提高了 9.7%。由此可知，河南省的产业结构正在不断优化，第三产业占比不断增加，2018 年第三产业对经济增长的贡献率接近 60%。

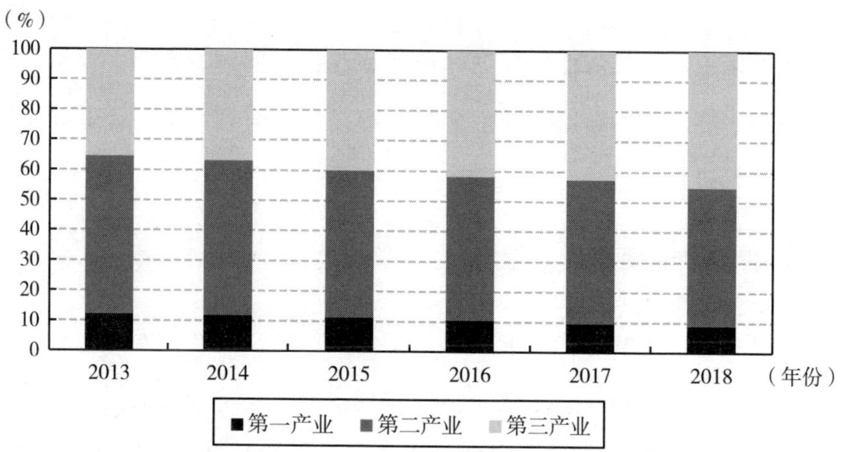

图 6－3　2013～2018 年河南三次产业结构增加值占生产总值比重

资料来源：河南经济蓝皮书。

2. 能源结构转型路径

根据 2018 年河南经济蓝皮书，2017 年全省规模以上工业综合能源消费量 13857.47 万吨标准煤，同比下降 1.8%。全省一次能源生产量 8962.85 万吨标准煤，同比下降 1.9%。其中煤炭产量 2290.76 万吨，同比下降超 21%；天然气产量同比增长 23.5%，高于全国近 9 个百分点。河南省单位工业增加值能耗下降 9.10%，降幅较 2016 年收窄 1.88%，工业节能形势较好。如图 6－4 所示，2017 年河南省天然气消费量增速继续增加，同比增长 18.4%；其余能源增速继续下降，其中汽油降幅达 18.6%，煤炭降幅达 9.3%，河南省能源消费结构变化明显。

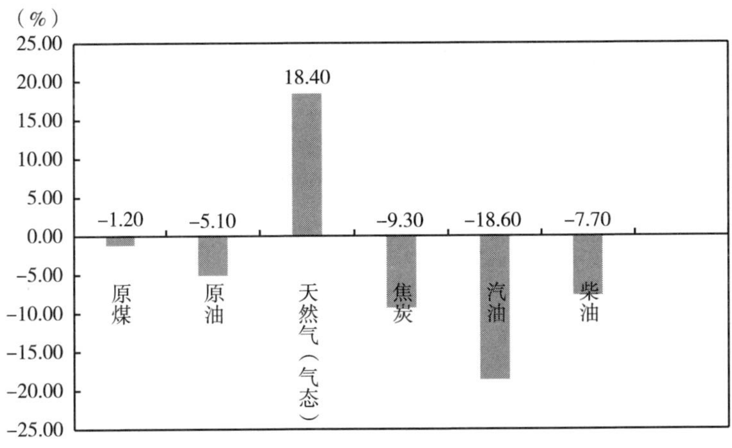

图 6-4 2017 年河南省化石能源消费增速

资料来源:2018 年河南经济蓝皮书。

发展低碳经济的重点是推进高碳排放企业的转型,而能源问题又是高碳排放企业转型的首要问题,因此高碳排放企业低碳发展的根本就是能源结构转型。能源结构转型的重点是协调和处理好生态平衡、经济增长和社会发展与能源消费之间的关系。河南省发展低碳经济的能源结构转型路径,如图 6-5 所示。

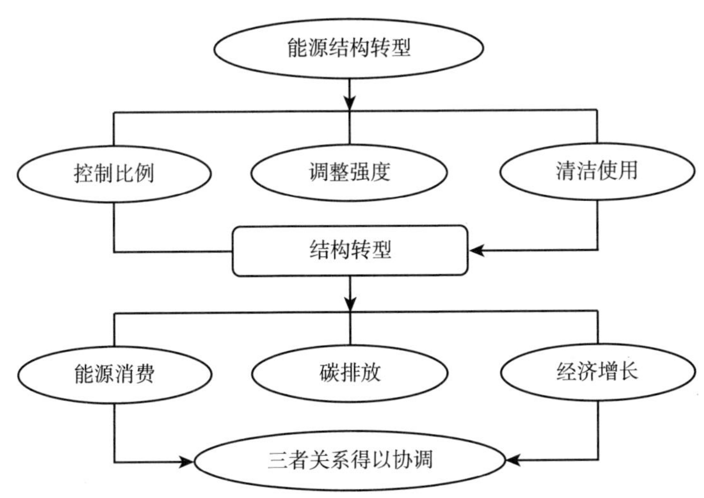

图 6-5 能源结构转型路径

根据图6－5，能源结构转型主要包括以下三方面：

一是合理控制非化石能源与化石能源的比例，即逐步的增大零碳能源及低碳能源的占比，减少高碳能源的使用。在三大化石能源中，石油和天然气产生单位能值所排放的二氧化碳远小于煤炭，可以在产生同样热量的情况下排放更少的二氧化碳。虽然河南省长期面临“煤多、油少、气贫”的状况，但是河南省处于西气东输、西电东送的必经之地，这给河南省调整能源结构带来了重大机遇。因此，河南省应该以此为契机着力调整能源结构，尽可能减少煤炭的使用量，而增加天然气的使用量。

二是提高低碳生产技术水平，提升能源利用效率。河南省在接下来应该通过低碳技术创新，改变过去能源利用效率过低的现状，加大低碳技术的研发费用投入和创新人才引进，更好更快地发展低碳技术，通过先进的低碳技术进行生产，不仅能够节约能源资源而且能够减少二氧化碳排放。另外，河南省还应充分利用国家的有关支持，建立低碳技术开发使用结合机制，加大社会各方面的合作，更好地将低碳技术转化为生产力。同时，积极对外国一些较为成熟的低碳清洁技术进行借鉴和引进，不断学习国外的先进技术，从而更好为本省的低碳经济发展提供有利条件。

三是开发使用新型清洁能源。积极寻求替代能源是河南经济低碳发展的重要途径。河南省地理位置优越，诸多大河流经于此，所以应该大力发展水力发电。另外，太阳能、核能、风能等能源不仅使用效率高，而且排放污染较少，也是新能源开发的可选路径。

3. 绿色金融支持路径

绿色金融不是一个新的概念，早在十年前就已经出现了可持续金融的相似概念。如今，国内外对于绿色金融这一概念还没有标准的界定，比较普遍和具有代表性的观点有：一是《美国传统字典》（第四版，2000年）中的定义，认为绿色金融是“环境金融”，主要是要在保护生态环境和保护生物的多样性中发挥金融的作用；二是将绿色金融作为一种公共政策的融资渠道，通过金融业在贷款的对象、条件、种类与方式上的不同，运用不同的期限和利率结构，引导资金流向，以此来发展绿色产业；三是指金融部门把环境保护作为一项基本政策，在投融资决策中要考虑潜在的环境影响，把与环境条件相关的潜在的回报、风险和成本都要融合进日常业务中，在金融经营活动中注重对生态环境的保护以及环境污染的治理，通过对社会经济资源的引导，促进社会的可持续发展；四是针对金融制度体系，将绿色金融作为环境经济政策中的资本市场手段，如绿色气候基金或绿色信贷、绿色保险等绿色投资的金融工具。总之，国内外学者从不同的角度探究了绿色金融的本质，他们的研究成果都体现了绿色金融作为一种金融创新，应该同时考虑到国家、金融机构、企业、生态环境，以金融机构内部的绿色管理和服务为先导，以金融衍生工具为主要手段，把潜在的资源能源与生态环境方面的影响纳入考虑，通过金融业的杠杆效应和利益传导机制，影响市场中的政府，企业和消费者的投资取向和市场行为，使得金融资源流向节能环保的技术开发和产业项目，促进资源环境协调发展。

绿色金融促进企业低碳转型有很重要的意义，也是未来的发展方向。绿色金融给政府、金融机构、公众促进低碳化提供了一个平台，各方都能通过绿色金融为企业低碳化、为区域经济低碳发展出力。企业树立减排意识，通过各方面的改进争取更多的资金，并且恰当地使用绿色金融资金，积极加入碳交易，逐步迈向低碳化的发展路径。则企业低碳转型的绿色金融支持路径，如图6－6所示。

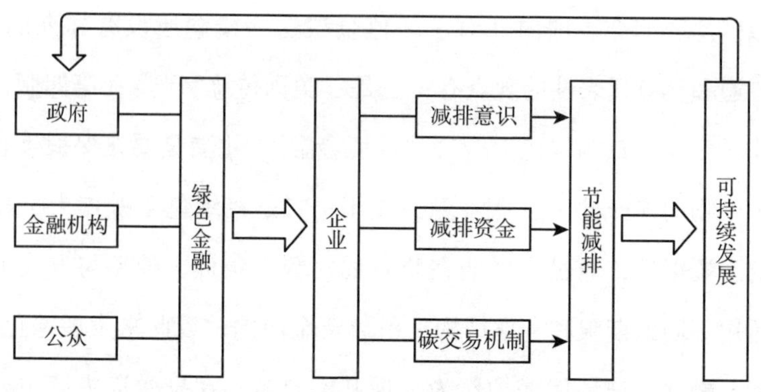

图6－6　企业低碳转型的绿色金融支持路径

同时，绿色金融的产品也开始丰富，除了传统的绿色信贷、绿色证券、绿色保险外，还推出了针对碳排放权交易的碳金融产品。中国从2011年开始，先后在北京市、天津市、上海市、重庆市、广东省、湖北省、深圳市7个省市启动了碳排放权交易试点，并纳入企业2000余家。2013～2016年我国碳交易市场飞速发展，碳配额成交量稳定增长，截至2017年底7省市二级市场线上线下共成交碳排放配额约6740万吨。虽然首批的7个碳排放权交易试点中并不包括河南省，但从2017年底中国开始启动了全国统一的碳排放权交易市场。至此，包括河南省在内的全国碳排放权交易市场得到了进一步的发展，目前河南省正在准备有关碳排放权交易机制的实施与完善工作。河南省发展改革委也已经对省内企业历史碳排放数据进行核查，建立完备的碳金融和企业之间的信息沟通机制，提前将碳排放权交易的“买卖账单”规整完毕，核查电力、钢铁、建材、石化等8个行业，预计河南省将有近1000家年能耗在1万吨标准煤以上的工业企业需要进入碳排放权交易市场①。

碳排放权交易通过政府制定既定数量的碳排放配额，将各自的份额分给各控排企业，迫使各企业只能在规定配额下进行生产，从而控制碳

① 资料来源：河南省发展和改革委员会网站。

排放量。政府各相关部门的最大的责任就是合理设置碳排放总量。如果总量设置的过多，就会导致供过于求，碳排放权交易机制就形同虚设，不能充分发挥该机制的优势；但如果总量设置得过少，又会导致市场上普遍的供不应求，导致控排企业的减排成本升高，相应的利润就会大幅减少，造成整体经济的不景气。碳排放权交易市场的供需关系，如图6－7所示。

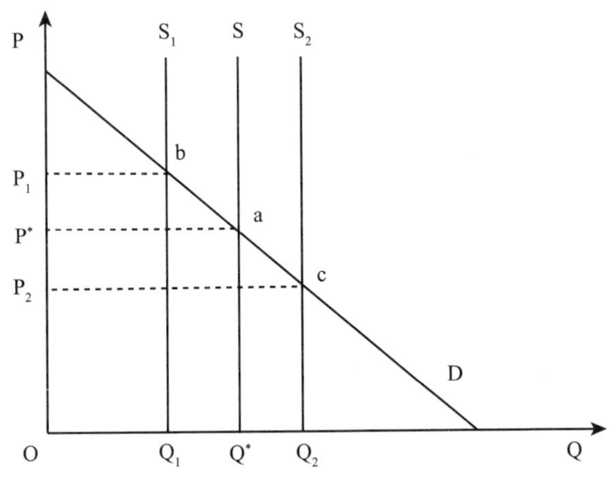

图6－7　碳排放权交易市场的供需关系

由图6－7可知，碳排放权的需求曲线D是向右下方倾斜的，这说明碳排放权的需求量Q与价格P成反比。由于碳排放总量是由政府设置的一个固定值，所以碳排放权的供给曲线S是垂直的，供给曲线和需求曲线的交点即是市场机制作用下的均衡价格 P^* 和均衡排放量 Q^*。因此，政府可以通过调节碳排放配额总量来决定供给曲线S的位置，从而调节市场出清条件下的碳排放权交易价格和排放量，所以政府设置碳排放权配额数量的多少决定了碳交易机制发挥作用的高低。若将碳排放权配额设置在较低水平 Q_1，则较高的碳排放权价格 P_1 势必会给当地控排企业带来较高的减排成本；而若将碳排放权配额设置在较高水平 Q_2，则较低的碳排放权价格 P_2 又会导致控排企业缺乏节能减排的动力。因此，河南省相关部门在设置碳排放权配额总量时应该综合权衡本省的减排目标和经济发展目标，并考虑到各地区的经济发展和环境保护现状在各地级市之间进行分配碳排放权配额，充分体现出碳排放总量控制和差异分配的双重特色。

碳排放权交易机制目前主要针对工业行业企业，在实施碳排放权交易机制之前，企业对二氧化碳排放量没有具体的限额，这就会导致企业为了经济利益最大化，而忽视生态环境，肆意排放二氧化碳。但在实施碳排放权交易机制之后，政府对企业二氧化碳排放总配额实行定量限制，二氧化碳排放高的企业在既定的二氧化碳排放配额下生产量不足。为了提高生产量增加收益，高排放企业不得不在碳排放权交易市场上去购买碳排放配额，这就使得企业成本上升、利润减少，从而促使企业投入资金改进生产技术减少碳排放量；虽然从短期看会增加企业成本造成利润下降，但从长期来看对企业可持续发展仍是有利的。而低排放企业二氧化碳排放量低，碳排放配额相对较多，对于额外的配额可以在市场上出售获得收益，从而获得一定的收益，利润的增加会进一步刺激碳排放较低的企业继续减少碳排放，来获取更大的收益。市场机制的发挥可以使高排放的企业创新低碳技术增加利润，而低碳排放的企业为了保持竞争的有利地位也要进行技术创新，从而既能实现二氧化碳的减排目标又可以倒逼企业进行技术升级，所以低碳技术的创新发展也是市场机制自动产生的结果。碳排放权交易机制在这一过程中，不但能够实现既定限额的碳排放总量，也能为企业研发清洁低碳技术提供源源不断的动力。

但需要说明的是，我国碳排放权交易机制与发达国家相比仍然存在以下不足：（1）我国碳排放权交易市场所纳入的行业范围及污染物种类相对于发达国家较小。比如美国芝加哥气候交易所涉及的行业包括航空、汽车、电力、环境、交通等数十个不同行业，而我国目前只涉及重点工业行业；我国7个碳排放权交易试点省市中除重庆外，其他6个省市只纳入了 CO_2 一种温室气体，而发达国家纳入了包括 CH_4、N_2O、HFCs、PFCs、SF_6 和 CO_2 6 种温室气体。（2）我国碳排放权交易机制的制度、监督及执行与发达国家相比较为薄弱。发达国家的相关法规制度较为完善，相对来说执行到位、监督严格，而我国有关碳排放的法规制度、监督执行不够完善，存在相关单位疏忽职守的现象，且对碳排放权交易投资者的准入要求不够明确，这无疑抑制了我国碳排放权交易市场的长远发展。

6.2.2 河南经济低碳发展的路径优化

如前所述，河南省发展低碳经济的实现路径可以从三个方面进行选择，但针对河南省目前的发展现状及存在问题，河南省应该首先考虑产业结构调整路径，其次是能源结构转型路径，最后是绿色金融支持路径。之所以选择这样的低碳经济发展路径，主要有以下三个重要原因：

第一，河南省产业结构问题较为严重，第二产业占比仍然较大。虽然河南省也在一直发展第三产业，但第三产业的占比仍然不够高，第二产业所占比例仍然较大，产业结构问题亟待解决。另外，产业结构相对于能源结构、环境规制和公众意识来说也更易于调整，政府也一直在鼓励发展第三产业，渴望优化产业结构，并有相关的政策法规支持发展，所以目前河南省发展低碳经济的首要任务应该是优化产业结构。

第二，与产业结构相似，河南省的能源结构问题也比较严重。能源结构与产业结构密不可分，不同产业的消耗能源不同，相对于第二产业，第三产业消耗能源少。因此，调整产业结构的同时也会逐渐改变能源消耗量。然而，河南省目前使用最多的仍然是煤炭，而石油、天然气的使用量远不及煤炭的使用量，水电、太阳能、风能等清洁、低碳能源的使用则更少。但煤炭的消耗会排放大量的二氧化碳，所以只要不调整能源结构，河南省二氧化碳的排放量就难以大幅度减少。而且随着时间的推移，化石能源会不断枯竭，煤炭的使用也会面临越来越严格的限制，因此应致力于发展新型清洁能源，不断优化河南省的能源结构。

第三，绿色金融支持虽然在操作上更简单，但河南省目前的绿色金融体系建设还方兴未艾，完善的绿色金融支持体系并不是一蹴而就的，需要经过长期渐进式的发展和完善才能充分发挥作用。另外，由于碳排放权交易机制对于大多数规模以上工业企业的二氧化碳排放来说都将成为硬约束，因此势必会对工业企业的经济效益产生立竿见影的影响。这种影响对于目前第二产业产值占比较大，化石能源依赖程度较高的河南经济来说将会产生很大的经济发展压力。因此，河南省在实施碳排放权交易路径时要采取循序渐进的方式，在进行产业结构调整和能源结构转型的同时，有计划有步骤地逐渐将更多的行业、企业和温室气体纳入碳排放权交易机制内。

6.3 河南企业低碳转型路径的案例分析

6.3.1 河南同力水泥的低碳转型路径

水泥工业无疑属于高耗能产业，是我国最重要的温室气体排放及能源消耗产业。自2000年以来，受市场的需求推动，我国高耗能行业增长十分迅速，产品产量年增速约在10%以上，能源消耗量占全社会总耗能的55%以上。水泥行业在高耗能行业中占有较重要的地位，2014年能源消耗占工业部门总消耗的10.4%，温室气体排放位列工业部门碳排放前列，可见水泥行业的低碳发展对于减少碳排放具有重要意义①。

案例企业河南同力水泥在低碳转型的发展过程中，从技术和管理两个方面入手，形成技术和管理互相促进、相互依靠的低碳发展模式。不仅强化制度建设，优化基本操作，同时在工艺设备的薄弱环节投入大量

① 资料来源：2015年中国能源统计年鉴。

资金对其进行改造升级，在行业内率先进行技术革新，采用较先进的节能技术，为企业低碳发展奠定基础。同力水泥采取的具体策略有以下几点：

（1）实行资源综合循环利用，替换天然矿物原料来削减熟料用量；

（2）开展能效间的对标管理，加强企业管理制度建设；

（3）加大技术资金投入，实施环保节能技术升级与改造；

（4）利用 CDM 机制，推进建设纯低温余热发电项目。

同力水泥通过大量的实践发现，采取低碳技术和措施并不是单纯的成本增加，而是大部分低碳措施都能带来额外的经济收益，更有助于企业提升自身竞争力，增加企业利润。同力水泥自 2006 年通过纯低温余热发电项目及 40 余项技术改造，共获得 104 亿元的经济收益，相当于其整年净利润的 50%，全年销售收入的 4.5%①。不难看出，低碳转型创造了企业新的经济增长点，成为企业除了扩大市场规模外发展的另一重要手段。

6.3.2 河南宇通客车的低碳转型路径

交通运输行业是国民经济的重要组成，也是二氧化碳的重点排放来源，发展低碳交通是发展低碳经济的必由之路。发展低碳交通不但关系到交通运输的可持续发展，同时关乎我国经济发展和能源安全，是建设环境友好型、资源节约型社会的重要内容。宇通客车是河南省的标志性企业，发展势头良好，是目前全国第一客车生产基地，它坚定不移地贯彻绿色低碳经济理念，从管理和技术两方面进行低碳转型：

（1）健全环保节能管理机制：一是能源管理，严格控制能源消耗，实行节能目标管理，建立完善的节能激励机制；二是环保管理，遵守各

---

① 资料来源：同力水泥 2006 年年度报告。

项法律法规，在加强环境污染治理的基础上，从源头进行污染治理。

（2）加大技术投入，推动环保、节能项目落地：实施36项清洁生产项目，从源头遏制污染，降低工业二氧化碳排放污染强度，持续优化生产流程，进行节能改造。

宇通客车近年来积极地探索国际化发展道路，通过国际合作与交流，实现低碳技术的引进吸收，同时开拓了海外市场。由此可看出，在碳排放权交易市场的大环境下，中国企业不能因循守旧，而是要充分利用资本市场国际化和低碳技术国际化的市场优势，加强国际交流实现跳跃性的发展，更好地贡献于全球的低碳减排。

6.3.3 河南企业低碳转型的路径设计

无论是哪一种经济发展方式和经济增长模式的变革都不是一蹴而就的，低碳经济作为一种全新的经济发展模式，即需要考虑其短期内发展的可行性，又应兼顾长远战略规划。河南是新兴的工业大省，煤炭业、钢铁业、石油业等都有各自较长的发展历程以及深厚的产业基础，在短时间内很难完全低碳转型。因此在转型初期河南企业应首先以控制碳排放总量为重点，实现总量减排，其低碳转型路径设计如图6－8所示。

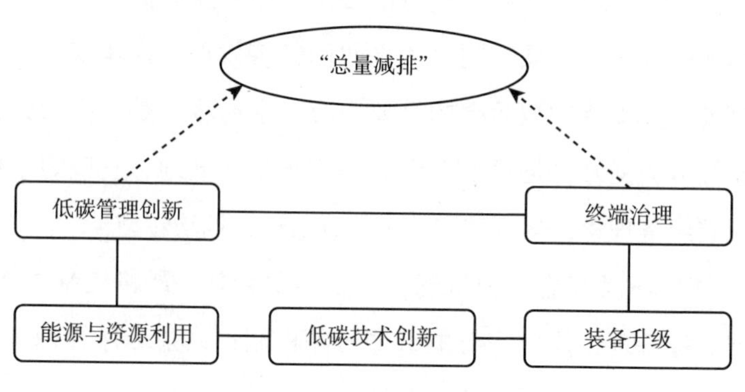

图6－8　河南企业的低碳转型路径

根据图6-8，河南企业的低碳转型路径具体可从如下四个方面进行实施。

（1）减少天然原料投入，提高资源利用效率。研发新能源和寻找替代燃料一般耗时较长，且能否成功受企业技术水平、资金投入和研发人员素质等多种因素的影响，从而河南省在短期内可能依然会以煤炭、石油、焦炭等高碳能源为主。碳源控制是总量减排的关键，能源的高效利用以及能源的清洁化使用成为首要关注问题。短期内，一是加快研发煤提纯、煤化工等工艺，开发清洁煤技术；二是提高能源的使用效率，如同力水泥将煤炭能源余热用以发电项目一样，提高二次能源的回收利用，实现总量节能。

（2）低碳技术创新与设备升级。低碳经济发展的关键环节是技术创新，几乎每一个案例企业都进行技术方面的改进，短期内企业应对现有高耗能装备和落后工艺进行改造和淘汰，从而实现技术和装备的升级，实现低排放、低污染，达到低碳生产的目的。企业应增强科研投入，依照经济合理、技术可行的原则来为企业量身定做低碳发展的技术路线图，最大限度降低企业生产过程的能耗水平及环境污染强度，实现能源的循环利用。

（3）严格制定污染物排放标准以适应碳排放权交易市场。零排放与零污染是低碳经济发展的终极目标，低排放与低污染是低碳经济的重要原则，排放检测是短期内缓解企业生产负外部性的主要手段。河南作为非试点省在2017年正式纳入全国碳排放权交易市场，在碳交易机制下，各控排企业可以通过碳排放权交易来控制总量减排，对于未达成控排目标的企业购买碳排放权是一笔额外成本。虽然各企业减少二氧化碳排放的成本有高有低，但碳交易机制使减排成本高的企业为了节省购买碳排放权的长期开支，不得不通过思考提升减排技术来降低减排成本。碳排放权交易市场绝不是说说而已，严格制定二氧化碳的排放标准并实实在在地贯彻执行，就能促使企业积极地进行节能减排，营造良好风气。

（4）低碳管理体系的创新。发展低碳经济的主体是企业，从同力水泥和宇通客车的案例中我们不难发现企业管理体系是低碳转型的保障。想要进行低碳转型，企业必须建立完善的经营管理体制，加快管理制度创新，勇于去承担社会责任，积极向社会宣传低碳理念。企业内部管理应实现小循环，提高企业的社会贡献度，进而推动社会大循环，建立良好的社会形象。

6.4 本章小结

本章首先对河南省低碳经济发展的现状和存在的问题进行分析，其次选出了几条发展低碳经济的可行路径，并对诸多的可行路径进行优化，继而得出了河南经济低碳发展实现路径的优先序，最后结合案例分析对河南企业的低碳转型路径进行设计。研究结论表明：目前河南省的低碳经济发展进程较为落后，低碳技术水平较低，工业生产总值在产业结构中的比例较高，能源消费严重依赖化石能源，尤其是高碳能源煤炭的消耗；河南经济低碳发展的可行路径包括产业结构调整路径、能源结构转型路径和绿色金融支持路径；但应把产业结构调整路径放在首位，其次是能源结构转型路径，然后是绿色金融支持路径。基于上述研究结论，提出以下政策建议：

第一，河南省应根据实际情况及特点来制定相关的法规制度，并制定和完善相关的激励政策，对积极配合按时履约的企业给予相应的优惠政策，对高碳排放企业向低碳排放企业转型的给予税收优惠措施，促使广大企业积极参与到碳排放权交易市场中去。

第二，河南省应制定较为严格的监督管理制度以及有效执行制度，相关部门的执行过程应加以透明化，并加大对相关部门的监督力度。

第三，河南省应通过财政补贴或其他政策完善绿色基础设施建设，增大绿化面积，退耕还林还草，增加土壤固碳量。

第四，河南省还应将经济发展目标与二氧化碳减排目标相联系，相关部门应制定配套的奖惩制度，将经济发展与绿色环境相结合，建立低碳经济发展的长效机制。

第五，我国从2011年开始先后颁布一系列有关碳排放权交易的法规，目前虽然有关法规仍在不断更新，但相关的政策制度法规仍然不够完善。在全面迎接碳排放权交易市场的背景下，河南省需要制定相关的法规制度来实现二氧化碳减排目标，让碳排放权交易机制得到更好的发展。

第六，河南企业的低碳转型路径初期应以“总量减排”为主。企业低碳转型的重点是能源，减少化石能源投入，提高资源利用效率，增加研发投入发现新能源，才能标本兼治。另外，相关部门也应督促省内重点工业企业勇于担当社会责任，提高企业社会贡献度，树立低碳转型的成功范例。

第7章

河南经济低碳发展的产业结构调整研究

根据前文研究结论，河南省发展低碳经济的实现路径优先序应该首先考虑产业结构调整路径，其次是能源结构转型路径，最后是绿色金融支持路径。因此，本章首先对河南经济低碳发展的产业结构调整路径进行具体深入的研究。

7.1 低碳经济视角下产业结构调整的相关文献回顾

关于低碳经济视角的产业结构调整的相关研究主要集中于以下两个方面：一是全国层面上的，主要从产业结构合理化和高级化进行研究；二是从省份层面进行研究，提出各省产业结构调整的路径。

1. 低碳经济下产业结构合理化和高级化的相关研究

张美一（2021）认为产业结构调整是促进节能减排实现低碳经济的

重要方式，经过实证发现产业结构的合理化和高级化能有效抑制碳排放，人均 GDP 增加、城镇人口占比的提高，还有财政支出的提高都会对碳排放具有正向影响。曹洪刚（2018）从产业结构的高级化和合理化来分析产业结构调整对碳排放的影响，研究结果表明具有显著影响，而劳动效率的提高和技术的进步可以提升产业结构的高级化。苏方林和黎文勇（2015）的研究结果表明，财政支出的增加与人均 GDP 的增加等产业结构合理化与高级化的调整变动能够有效抑制碳排放量增加，同时还可以降低碳排放强度。李小倩和陈国宏（2017）研究了技术进步与产业结构因素如何协调，才能更好地实现中国经济低碳发展。王晶（2017）提出要完善相关低碳经济政策，发展新型的低碳产业和技术来促进产业结构调整变化。

2. 低碳经济背景下各省产业结构调整优化路径的相关研究

吴晓雪（2017）采用河北省面板数据的实证研究结果发现，低碳经济约束下第二产业应该优先发展的行业是制造业、交通运输业、化工业、通信及电子设备业、电气机械化业、工艺制造业等。余博等（2017）认为低碳经济背景下湖南省产业结构调整需要发展绿色产业、大力发展高科技和新兴战略型产业。尚好（2016）分析了内蒙古产业结构中存在的问题，并从产业合理化和产业高度化提出了解决对策，其中产业合理化措施包括要加强内蒙古生态经济建设，强化三次产业之间的关联性；产业结构高度化措施包括要提高各个产业附加值、产业重点由“二三一”逐渐向“三二一”转移，对于优势产业科学合理开发利用。叶楠（2019）分析了低碳经济背景下河南省的产业发展现状，并提出了加强国家产业转移、技术创新和低碳消费推动产业结构调整的发展对策。华欢欢（2016）分析低碳经济下甘肃省产业结构优化的路径，认为甘肃未来的主要方向是进行工业低碳化调整；同时提出居民消费也是碳排放的重要来源，因此要提升甘肃的城市化率，提升城市化率可以直接减少居民生活消费所产生的二氧化碳。宁庆月（2018）分析了低碳经济下福建省产业结构调整并提出了建议，主要包括大力发展高新技术产业、传统制造业绿色化改造升级，对于高耗能行业要慢慢建立退出机制，环境政策倒逼产业结构变化，最后要大力发展第三产业。邹熠峰（2016）和王科祥（2018）分析了低碳经济下安徽省产业结构水平并提出了建议，首先是产业结构合理化方面要建立低碳产业集聚区，产业结构高级化要加大科技创新，要提升工业增加值；其次对于三次产业内部结构建议农业方面开发特色农产品，大力发展林业经济发挥碳汇功能，提升农民低碳素质，工业方面持续推进传统工业技术改造，大力建设高新技术园区，第三产业要大力发展服务业和旅游业。云丽虹等（2015）分析了低碳经济下海南省产业结构水平并提出了建议，主要包括两个方面，一是充分发挥旅游优势，带动热带农业和海洋业发展，成立优势产业群；二是科学开发海洋工业。孔真真（2015）分析了低碳经济下河南省产业结构水平并提出了建议：首先是要提升农民素质，培养劳动技能推进农业科学化发展；其次是淘汰落后产能，支持发展低能耗产业；最后是大力发展旅游业、服务业和物流电商行业。

3. 相关文献评述

目前已有的文献，关于低碳经济下产业结构合理化和高级化方面的研究，发现了省级宏观层面的一些碳排放的影响因素，比如人均财政支出、城镇化水平等，这些研究对政府宏观调控起到了指导作用。基于低碳经济背景下省域产业结构优化的相关研究，主要是针对各个省份产业结构优化过程中存在的问题，以及各个产业如何调整的对策研究，这些为河南省产业结构的调整指明了方向。

7.2 低碳经济背景下河南三次产业结构调整变化

7.2.1 低碳经济的简要发展历程

低碳经济最早出现在政府文件中是在2003年英国政府的能源白皮书《我们能源的未来：创建低碳经济》中。2007年，胡锦涛主席出席亚太经合会议明确主张我国发展低碳经济，低碳经济开始在我国正式提出并进入发展阶段[①]。2009年哥本哈根气候会议召开，以低能耗、低污染、低排放为基础的低碳经济正式呈现在世界人民面前，发展低碳经济，倡导低碳消费开始逐渐成为世界各国达成的共识。2010年，我国发展和改革委员会确定在了在广东、云南、辽宁、山西、湖北5个省份的8个城市开展低碳产业建设试点工作。试点省份和试点城市主要从以下几个方面建设试点：制定低碳发展配套政策，加快建立低碳排放的产业体系；建立排放温室气体的数据统计和管理工作；同时要倡导低碳生活和消费模式。2011年发布的“十二五”规划中首次将节能减排纳入其中，目标是2020年实现我国单位GDP二氧化碳排放量比2005年下降40%~45%[②]。低碳经济在我国开始进入国家发展战略时期。潘基文呼吁各国政府及社会各界全面执行《巴黎协定》，立即采取行动减少温室气体排放，增强对气候变化的应对能力。2015年12月，《联合国气候变化框架公约》近200个缔约方在巴黎气候变化大会上达成《巴黎协定》。时任联合国秘书长的潘基文呼吁各国政府及社会各界全面执行《巴黎协定》，立即采取行动减少

---

① 资料来源：碳百科网。

② 国民经济和社会发展第十二个五年规划纲要［EB/OL］. 中华人民共和国中央人民政府网，2011-03-16.

温室气体排放，增强对气候变化的应对能力。2016 年 9 月 3 日，全国人大常委会批准中国加入《巴黎气候变化协定》。2020 年习近平主席在联合国大会上提出二氧化碳排放力争于2030 年前达到峰值，努力争取2060 年前实现碳中和①。低碳经济开始进入快速发展阶段。

7.2.2 低碳经济背景下河南产业结构的总体调整变化

低碳经济要求低能耗、低污染、低排放，因此相对于第二产业制造业和建筑业而言，第三产业服务业的发展更符合低碳经济的要求，2003 年至今在低碳经济背景下河南省第二产业和第三产业结构发生了巨大变化。2003 ~2021 年河南省各产业生产总值及占比，如表 7 –1 所示。

表 7 –1　河南省生产总值及各产业生产总值

年份	生产总值（亿元）	第一产业（亿元）	第一产业占比（%）	第二产业（亿元）	第二产业占比（%）	第三产业（亿元）	第三产业占比（%）
2003	6942.41	1198.70	17.3	3348.63	48.2	2395.08	34.5
2004	8411.19	1647.57	19.6	4080.74	48.5	2682.88	31.9
2005	10243.47	1844.04	18	5202.27	50.8	3197.16	31.2
2006	11977.87	1869.82	15.6	6316.19	52.7	3791.86	31.7
2007	14824.49	2156.69	14.5	7904.01	53.3	4763.80	32.1
2008	17735.93	2575.81	14.5	9713.40	54.8	5446.72	30.7
2009	19181.00	2665.66	13.9	10324.57	53.8	6190.77	32.3
2010	22655.02	3127.14	13.8	12173.51	53.7	7354.38	32.5
2011	26318.68	3349.25	12.7	14021.59	53.3	8947.84	34
2012	28961.92	3577.15	12.4	15042.55	51.9	10342.21	35.7

① 力争 2030 年前二氧化碳排放达到峰值，2060 年前实现碳中和减碳，中国设定硬指标（美丽中国）［EB/OL］. 人民网，2020 –09 –30.

续表

年份	生产总值（亿元）	第一产业（亿元）	第一产业占比（%）	第二产业（亿元）	第二产业占比（%）	第三产业（亿元）	第三产业占比（%）
2013	31632. 50	3827. 20	12. 1	15995. 37	50. 6	11809. 92	37. 3
2014	34574. 76	3988. 22	11. 5	17139. 61	49. 6	13446. 93	38. 9
2015	37084. 10	4015. 56	10. 8	17947. 86	48. 4	15120. 68	40. 8
2016	40249. 34	4063. 64	10. 1	18986. 89	47. 2	17198. 81	42. 7
2017	44824. 92	4139. 29	9. 2	20940. 33	46. 7	19745. 30	44
2018	49935. 9	4311. 12	8. 6	22038. 56	44. 1	23586. 21	47. 2
2019	53717. 75	4635. 70	8. 6	23035. 56	42. 9	26046. 49	48. 5
2020	54259. 43	5354. 02	9. 9	22220. 89	41	26684. 52	49. 2
2021	58887. 41	5620. 82	9. 5	24331. 65	41. 3	28934. 93	49. 1

资料来源：河南统计年鉴。

由表 7 -1 可知，2003 年提出低碳经济到现在三次产业生产总值一直在不断提升，2003 年第二产业生产总值是最高的，达到 3348. 63 亿元，在三次产业结构中占比也是最大的占到了 48. 2% 的比例，将近占到快一半的比例，说明在低碳经济实施以前河南省主要的产业是第二产业，此时的第三产业已经开始发展，年生产总值将近是第一产业的二倍，产业结构中占到了 34. 5% 的比重，第一产业比重比较小，此时的三次产业结构是“二三一”结构。从 2003 年开始虽然三次产业的生产总值每年都在不断上升，但是明显的第三产业的发展速度是最快的，从产业构成上来看第一产业比重在逐年下降，第二产业在 2010 年以前，逐年不断上升但是 2010 年之后开始不断下降，而第三产业不管是生产总值还是产业构成比重都在不断上升，2018 年的时候第三产业总值达到 23586. 21 亿元，超过第二产业的 22038. 56 亿元，产业结构上超出第二产业三个百分点，以后每年也都在不断增长，因此 2018 年开始河南省产业结构开始转变为“三二一”结构。

7.3 河南经济低碳发展的农业产业结构调整研究

7.3.1 低碳经济背景下河南农业产业结构调整变化

农业是温室气体排放的第二大重要来源，在全球温室气体的排放总量中农业源温室气体占 14.9%；中国是农业大国，我国的农业源温室气体排放占全国温室气体排放总量的 17%（董红敏等，2008）。河南省作为中国最重要的农业大省之一，农业温室气体排放的占比还会更高。河南省近几年社会和经济发展取得了较大的成就，目前正处在农业现代化和建设农业强省的关键时期，因此应对气候变化和生产效率的问题成为河南省农业发展的关键问题。低碳农业是全球气候变暖催生的生态革命的产物。低碳经济背景下河南省在农业产业结构上也进行了调整变化。

按照我国产业结构调整的关于农业的重点，首先是强调要巩固和加强农业基础地位，同时也要加快传统农业向现代农业的转变。重点支持的农业行业是农业和农用工业，包括粮、棉、油料、糖料、肉、蔬菜，森林抚育、速生丰产林，化肥、农药、农膜、适用的农业机具及零配件行业。

1. 不断强调和加强农业基础地位

农业经济的发展，直接关系着我国的粮食安全和经济安全。河南农业的发展可以说是中国农业发展的缩影，河南省一直以来都被誉为中原粮仓，供应了全国 1/10 的粮食和超过 1/4 的小麦，在全国粮食供应中拥有非常重要的地位。因此，河南省农业基础地位必须得到巩固和加强，河南农业生产是中国农业发展的关键。党的十八大以来，习近平总书记先后两次来到河南省进行考察工作，每次“三农”问题都是考察的重点之一，他对河南省提出的重任之一就是保障粮食安全。河南省委省政府也高度重视农村农业农民问题，不断召开农村工作会议，积极落实中共中央对于农村工作的精神，部署每一年“三农”工作，这体现了河南省在坚持农业基础地位上坚决不动摇的战略思想①。

农田是粮食生产的根基，河南省高度重视农田良种建设。预计2023年河南省要完成建设高标准农田255万亩，另有280万亩农田进行提升改造，高质量的农田示范区建设也在不断进行中。河南省预计将建成不少于400万亩的农田示范区，同时在未来三年时间内继续投资500亿元用于不断推进和建设农田高质量示范区，预计建成1500亩示范区，建成后每年可以增加粮食产量30亿斤②。粮食增产离不开良种的培育，河南省也高度重视良种的培育工作。目前，河南省的良种培育专家正在攻关抗赤霉病小麦育种技术。赤霉病一直以来都是河南省甚至是黄淮小麦产区的主要威胁，它会让小麦减产正常量的两到三成，每年都需要国家和河南省拿出很大一部分资金用于该病的防治，还需要投入大量的人工。因此，要尽快培育出来抗赤霉病的粮食品种。

2003～2021年，河南省第一产业生产总值一直在不断增加，农林牧渔业生产总值，如表7－2所示。

表7－2　河南省历年农林牧渔业生产总值　单位：亿元

年份	农林牧渔业	农业	林业	牧业	渔业
2000	1981.54	1264.29	56.18	641.56	19.51
2005	3309.7	1790.37	83.92	1251.65	35.26
2010	5619.7	3504.07	115.29	1733.07	66.3

① 习近平的河南往事：一个人、一片田和一条河［EB/OL］. 河南省人民政府网，2021－05－13.

② 河南省农业农村厅关于印发《2023年全省高标准农田建设工作方案》的通知［EB/OL］. 河南省农业农村厅网，2023－03－23.

续表

年份	农林牧渔业	农业	林业	牧业	渔业
2011	6055.54	3553.25	127.32	2088.14	66.33
2012	6473.7	3897.46	140.85	2120.56	77.59
2013	6938.24	4126.25	152.35	2313.49	82.5
2014	7244.34	4399.17	152.4	2307.23	91.07
2015	7299.58	4503.71	134.28	2229.01	105.2
2016	7405.42	4459.29	121.28	2355.99	107.27
2017	7562.53	4552.68	128.88	2368.92	107.79
2018	7757.94	4825.97	136.98	2210.88	119.28
2019	8541.77	5408.59	140.76	2316.5	118.16
2020	9956.35	6244.84	126.69	2855.83	117.63
2021	10501.2	6564.83	134.08	2942.06	143.41

资料来源：河南统计年鉴。

由表7－2可知，在我省的农林牧渔业中农业占据主要地位，占农林牧渔业生产总值的一半以上。但是河南省农业发展一直以来都存在的一个问题就是农民收入普遍比较低的问题。中国统计年鉴数据显示，2021年河南省GDP数值排名全国第五名，但是人均GDP排名却占到了全国第18位。2021年河南省农村人口约4304万人，占到了河南省常住人口的43.6%。但是农业总产值仅占全省GDP的9.5%，这也就是说河南省43.6%的农村人口只创造了9.5%的GDP，这直接反映出河南省农村居民收入较低的问题。河南省和全国农村居民人均可支配收入，如表7－3所示。

表7－3　　农村居民人均可支配收入　　单位：元

年份	河南省农村家庭人均可支配收入	全国农村家庭人均可支配收入	年份	河南省农村家庭人均可支配收入	全国农村家庭人均可支配收入
2003	2236	2622.2	2006	3261	3587.0
2004	2553	2936.4	2007	3852	4140.4
2005	2871	3254.9	2008	4454	4760.6

续表

年份	河南省农村家庭人均可支配收入	全国农村家庭人均可支配收入	年份	河南省农村家庭人均可支配收入	全国农村家庭人均可支配收入
2009	4807	5153.2	2016	11697	12363.4
2010	5524	5919.0	2017	12719	13432.4
2011	6604	6977.3	2018	13831	14617.0
2012	7525	7916.6	2019	15164	16020.7
2013	8475	9429.6	2020	16108	17131.5
2014	9416	10488.9	2021	17533	18930.9
2015	10853	11421.7			

资料来源：河南2022年统计年鉴。

由表7-3可以看出，河南省农村居民收入近些年来一直在不断提升，但是与全国平均水平相比仍然比较低，每一年的农村家庭人均可支配收入都低于全国农村平均水平。

2. 传统农业不断向现代农业转变

为了进一步推进河南省农业现代化进程，2016年河南省人民政府印发了加快转变农业发展方式实施方案的通知，提出了要建设高标准良田工程，培养新型农业经营主体，推进农业经营形式多样化发展，对农民进行职业教育，培养新时代职业化农民，一二三产业融合建立像工业园区那样的农业集聚区，培养农业产业龙头企业，发展农产品加工行业，加强农村农民营销服务体系建设，与旅游文化相结合开展农业观光品牌，同时关注农业信息化发展等一系列意见。

（1）机械化生产推动河南省由传统农业逐渐向现代农业转变。

2010年河南省拥有的7890万亩小麦中，机收率就已经达到了96.9%，玉米的机械化播种率也已经超过了70%，2017年河南省农业机械化耕种收比例首次超过80%达到了80.6%，2020年前后河南省农作物生产机械化已经基本普及。根据河南统计年鉴河南省历年农业机械和农产品加工机械拥有量及部分耕收比重，如表 7 – 4 所示。

表 7 – 4　　　　河南省历年农业机械和农产品加工机械拥有量

年份	农业机械总动力（万千瓦）	农用大中型拖拉机（台）	大中型拖拉机配套农具（部）	机械播种面积占农作物播种面积（%）	机械收获面积占农作物播种面积（%）
2000	5780. 60	66200	118700	35. 4	32. 4
2010	10195. 94	274400	642600	54. 4	42. 3
2011	10515. 79	310700	732000	59. 9	46. 1
2012	10872. 73	338500	802200	63. 6	51. 8
2013	11149. 96	357800	849900	66. 3	59. 1
2014	11476. 81	378100	896100	67. 4	61. 3
2015	11710. 08	402300	948300	67. 2	64. 6
2016	9858. 82	432700	1007400	71. 0	65. 6
2017	10038. 32	458549	1051961	—	—
2018	10204. 46	347150	631862	—	—
2019	10356. 97	373074	654206	—	—
2020	10463. 71	397203	663345	—	—
2021	10650. 20	418337	660899	—	—

注：—表示由于统计口径变化所导致的数据缺失。

资料来源：2011 ~ 2022 年河南统计年鉴。

由表 7 – 4 可知，2000 ~ 2021 年农业机械总动力在不断上升，从 2000 年的 5780. 60 万千瓦上升到了 2021 年的 10650. 20 万千瓦，是 2000 年的 1. 84 倍，这说明不管是耕种、收获、农业运输等各个方面的机械总动力比较大。再看河南省的农用大中型拖拉机从 2000 年的 66200 台，上升到了 2021 年的 418337 台，是 2000 年的 6. 32 倍，机械播种面积占农作物播种面积从 2000 年的 35. 4% 到了 2016 年这个比例翻了 1 倍达到了 71. 0%，机械收获面积从 2000 年的 32. 4% 到 2016 年这个比例页翻了一倍达到了 65. 6%，虽然 2017 年以及以后的数据缺失，但是按照机械总动力和农用大中型拖拉机的数量不断增长，2017 年后的机械播种面积占农作物播种面积以及收获播种面积占农作物播种面积的比重也会一直上升。农用大中型拖拉机的加大使用大大提高了农业耕种、收获等的效率，是传统手工农业向着现代化农业转变的一个重要标志。

（2）现代化灌溉技术推动农业向现代化转变。

如果对于农民来说种和收是大事的话，那么灌溉就是这件大事取得成功的关键。以前的农民种地看天吃饭，后来能买得起水泵，天干旱的时候就自己抽水浇地，费时费力。目前很多粮田都建设了现代化的灌溉技术，水管通道通到各家各户的地里，想浇地随时都可以，联系人开阀门就行，简单方便。河南省历年节水灌溉机械数量，如表7－5所示。

表7－5　河南省历年节水灌溉机械数量及节水灌溉面积

年份	节水灌溉机械（万套）	节水灌溉面积（千公顷）	节水灌溉面积占灌溉面积比重（%）	年份	节水灌溉机械（万套）	节水灌溉面积（千公顷）	节水灌溉面积占灌溉面积比重（%）
2010	17.37	1536.64	29.7	2017	21.91	1893.27	33.7
2013	20.81	1295.84	25.5	2018	22.71	2086.364	33.7
2014	21.30	1476.53	28.3	2019	23.04	2200.00	33.8
2015	21.56	1672.16	31.4	2020	22.98	—	—
2016	21.83	1806.61	33.7	2021	23.15	—	—

注：—表示由于统计口径变化所导致的数据缺失。

资料来源：2011～2022年河南统计年鉴。

由表7－5可知，河南省2010～2019年共投资增加了5.67万套节水灌溉机械设备，节水灌溉面积增加了663.36千公顷，也就是说1万套设备将近能节水灌溉面积116.99千公顷，由于2010年17.37万套节水灌溉机械设备共计节水灌溉面积1536.64千公顷，即1万套设备能节水灌溉面积88.47千公顷，由此可见河南省的节水灌溉不仅设备在不断增加，设备的节水灌溉技术也在不断进步，同样设备的节水灌溉面积在不断增加。但是河南省节水灌溉面积占灌溉面积比重虽然在不断增加从2010年的29.7%增加到了33.7%，但是这个比重依然还是比较小，水资源灌溉浪费还比较严重，节水灌溉任务艰巨。

近年来，河南省还出现了一种大田滴灌水肥一体化技术，这种技术的推广将大大助力河南农业现代化发展。这一技术的普及将解决小麦、玉米生长中后期追肥难的问题，还可以促进小麦和玉米生长后期籽粒灌浆。相对于传统的水肥管理，该技术可以使小麦增产10%以上，玉米甚至增产20%以上。河南省的种粮大户渐渐开始接受并使用该项技术，有一个承包了85亩地的农民说这是自己的秘密武器①。开封当地已经将该技术纳入高标准粮田规划建设中去，因为水肥精细化管理，大大改变了以往农民自己水泵浇地大水漫灌、手工施肥量不好把握过量施肥造成的土壤板结、面源污染等问题，它是一种新的绿色农业生产方式。

（3）特色农业产业集聚群发展推动农业向现代化转变。

河南农业产业集聚群的模式主要包括公司+农户、公司+农户+合作社、公司+农户+基地、公司+基地+农户+合作社四种模式。

“公司+农户”模式，一般是通过企业的品牌作用，与农民构成生产销售一体化联合体，采取合同契约、参股分红等制度互补互利，农民纳入到企业的营运过程中实行企业化管理。比如我国的肉类市场的供应目前普遍采用的是公司加农户这种模式，大大改善了散户养殖中存在的一系列问题，该模式推动了农业现代化的发展。

“公司+农户+合作社”模式，主要是合作社同大型企业签订合同，农民按照企业的标准进行标准化生产，同时合作社联合经销商以及加工企业，形成了普通农产品的集群经营规模，这样分散经营的农民能够从该种模式中分享产销、运输加工等产业链其他环节的利益。以信阳市农业为例，目前信阳各类的农民专业合作社总数近5000家，入社农民超过了70万户，合作社具备规模优势，还可享受信阳市政府直接补贴②。信

① 节本增效“带”来丰收底气（新时代 新征程 新伟业 春耕春管正当时）［N］. 河南日报，2023-02-11.

② 杨丽君. 特色农业产业集群的发展模式研究—以河南省为例［J］. 安徽农业科学，2013（5）：315-331.

阳市茶产业通过该模式，农户散种出来的小茶叶做成了大产业、大品牌，很好地解决了分散种植经营所形成的低效率和高风险等问题。

“公司 + 农户 + 基地”模式是以企业为龙头，特色农产品在原材料供应以及生产、加工、销售环节与生产基地和农户联合起来生成的农业产业集群。以新郑大枣为例，很多精通种植的枣农们不善销售，于是以“好想你”为代表的新郑红枣深加工企业使得新郑的红枣走向了全国，好想你公司成为农业产业化的一个典型代表。

“公司 + 基地 + 农户 + 合作社”模式，是农业专业化分工发展到一定阶段后才会出现的，这种模式下可以形成特色农业产业化经营方式。以河南省南阳市西峡香菇为例，十年以前南阳西峡香菇出口额就已经达到了2.8 亿美元，是单项农产品出口值最大的农产品。据河南省统计局统计，南阳西峡香菇开展的出口业务发展到 2022 年，已经累计出口额超过了 80 亿美元。其中 2022 年河南省农产品贸易出口数据显示出口总额为182.2 亿元，其中西峡县 2022 年香菇及其深加工产业出口额就达到了 82 亿元，西峡出口额占全省农产品出口额的比约为 45%[①]。西峡香菇一直以来都是实行基地化的管理、标准化的生产和产业化的经营，引导农民成立香菇专业合作社，同时邀请国内将近 40 家香菇出口企业入驻西峡县与农户们建立起了标准化生产基地，从而形成了该模式。

（4）乡村旅游业推动现代农业高质量发展。

河南是传统的农业大省，全省境内共有 1863 个乡镇，将近 5 万余个村庄，乡村旅游资源十分丰富。在河南省目前的乡村旅游中，洛阳栾川县的重渡沟、新乡的郭亮村、焦作的岸上村等已成为全国知名的乡村旅游景点。目前河南省共有国家级休闲农业与乡村旅游示范县 6 个，国家级休闲农业与乡村旅游示范点 13 个、规模以上休闲农庄 672 家、农家乐

① 杨丽君. 特色农业产业集群的发展模式研究—以河南省为例［J］. 安徽农业科学，2013（5）：315 -331.

12784 家，51.4 万农民从事乡村旅游经营活动。同时，河南省政府高度重视乡村旅游业发展，还印发了关于加快发展乡村旅游的意见，乡村旅游发展规划对河南省乡村旅游提出了目标，省财政连续四年每年拿出 1000 多万元，带动投资 116 亿元来用于全省乡村旅游发展建设①。

（5）互联网 + 农业助力农村发展提升了农业现代化水平。

2016 年河南省政府出台了互联网 + 现代农业三年行动计划，该计划指出首先是河南省要以发展农村电商为突破口，通过建设互联网体系和现代物流体系实现农村农产品与市场的产销对接，以此来提升农业效益，同时达到增加农民收入的目的。其次是要大力建设农村综合信息服务平台。最后是要对农民进行培训，培养新时代的新农民，尽快培育出来一批互联网 + 现代农业的农村带头人、家庭示范户。目前，河南省涌现出来了很多农村电商公司，甚至很多农民自己在家开起了直播卖起了产品，还出现了直播带货专业村。有些村镇驻村第一书记带头帮助农民带货农产品，直播带货成为农产品销售的重要渠道。

3. 林业牧业比重总体呈下降趋势

根据国家对农业的整体要求，农业生产结构调整的方向是在确保粮食总产量稳定增长，提高单产和改善品质的同时，积极发展林业、畜牧业和其他各业。林业牧业占河南省农林牧渔业生产总值的比重，如表 7－6 所示。

表 7－6　林业牧业生产总值及所占比重

年份	农林牧渔业（亿元）	林业（亿元）	林业占农林牧渔业比重（%）	牧业（亿元）	牧业占农林牧渔业比重（%）
2000	1981.54	56.18	2.84	641.56	32.38
2005	3309.70	83.92	2.54	1251.65	37.82

① 蓬勃发展的河南乡村旅游业［N］. 河南日报，2014－09－16.

续表

年份	农林牧渔业（亿元）	林业（亿元）	林业占农林牧渔业比重（%）	牧业（亿元）	牧业占农林牧渔业比重（%）
2010	5619.70	115.29	2.05	1733.07	30.84
2011	6055.54	127.32	2.10	2088.14	34.48
2012	6473.70	140.85	2.18	2120.56	32.76
2013	6938.24	152.35	2.20	2313.49	33.34
2014	7244.34	152.4	2.10	2307.23	31.85
2015	7299.58	134.28	1.84	2229.01	30.54
2016	7405.42	121.28	1.64	2355.99	31.81
2017	7562.53	128.88	1.70	2368.92	31.32
2018	7757.94	136.98	1.77	2210.88	28.50
2019	8541.77	140.76	1.65	2316.50	27.12
2020	9956.35	126.69	1.27	2855.83	28.68
2021	10501.20	134.08	1.28	2942.06	28.02

资料来源：河南统计年鉴。

植物通过光合作用可以吸收二氧化碳生成氧气，因此林业是关系低碳发展的重要产业。从表7－6中我们可以看到河南省林业产业生产总值总体来说不断上升，但是农林牧渔业产业的生产总值也在不断上升，河南省林业产业生产总值从2000年的56.18亿元上升到了2021年的134.08亿元，上升了1.39倍，但是对比农林牧渔业生产总值从2000年的1981.54亿元上升到了2021年的10501.20亿元，上升了4.3倍，因此林业产业生产总值上升的速度跟不上农林牧渔业生产上升的速度，林业占农林牧渔业比重也在不断降低；河南省牧业生产总值从2000年的641.56亿元上升到了2021年的2942.06亿元，上升了3.59倍，对比农林牧渔业生产总值依然低于其发展速度，牧业占农林牧渔业比重也在不断降低。由表7－6我们可以看出，河南省的牧业和林业发展不稳定，虽然在每一年的生产总值上呈波动上升趋势，但是牧业和林业占农林牧渔业生产总值的比重均呈波动下降趋势。河南省要在确保粮食安全的前提下，促进牧业和林业的发展。

4. 重点扶持农业行业不断发展

我国重点支持的农业行业是农业和农用工业，包括粮、棉、油料、糖料、肉、蔬菜，森林抚育、速生丰产林，化肥、农药、农膜、适用的农业机具及零配件行业。河南省历年农作物耕种面积，如表 7－7 所示。

表 7－7　河南省历年农作物耕种面积　单位：千公顷

年份	粮食	油料	棉花	糖料	蔬菜及食用菌
2010	9740.17	1564.12	467.3	3.92	1704.06
2011	9859.87	1578.91	396.67	3.96	1720.1
2012	10434.56	1378.05	169.4	3.23	1676.77
2013	10697.43	1361.87	114.96	3.11	1682.96
2014	10944.97	1339.01	88.11	2.94	1654.84
2015	11126.30	1311.84	64.34	2.60	1671.03
2016	11219.55	1302.35	50.03	2.42	1682.12
2017	10915.13	1397.49	40.00	2.31	1736.14
2018	10906.08	1461.40	36.68	2.03	1721.09
2019	10734.54	1533.93	33.80	1.62	1732.94
2020	10738.80	1597.53	16.20	1.51	1753.78
2021	10772.31	1604.37	11.50	1.41	1758.07

资料来源：2022 年河南统计年鉴。

由表 7－7 可知，河南省农业行业重点发展的主要是粮食油料和蔬菜及食用菌行业。河南省统计局数据显示，在河南省农业种植结构中粮食的种植占比在 70% 左右，油料作物种植占比 11% 左右，蔬菜及食用菌种植占比 12% 左右，这些都比较稳定。棉花种植在 2010 年占比 3% 左右，2012 年以后占比逐渐减小，目前河南省棉花种植占比很少；另一个占比很小的农作物是糖料。河南省粮、棉、油料、糖料、肉、蔬菜的产量，如表 7－8 所示。

表7－8　河南省粮、棉、油料、糖料、肉、蔬菜、肉类的产量　单位：万吨

年份	粮食	油料	棉花	糖料	蔬菜及菌类	肉类
2010	5437.10	540.72	44.72	22.78	6760.21	608.96
2011	5542.50	532.36	38.24	22.49	6811.20	604.28
2012	5898.38	530.38	16.95	21.89	6839.94	632.84
2013	6023.80	542.13	11.68	22.28	6745.29	648.97
2014	6133.60	531.41	8.44	20.74	6848.11	662.02
2015	6470.22	538.99	6.77	17.88	6970.99	647.22
2016	6498.01	549.82	4.88	16.67	7238.18	625.94
2017	6524.25	586.95	4.40	16.24	7530.22	655.84
2018	6648.91	631.03	3.79	15.39	7260.67	669.41
2019	6695.36	645.45	2.71	11.93	7368.74	560.06
2020	6825.80	672.57	1.77	10.69	7612.39	544.05
2021	6544.20	657.28	1.40	9.83	7607.15	646.81

资料来源：2022年河南统计年鉴。

由表7－8发现，河南省粮食、油料、蔬菜作物这些农业重点扶持产业一直在稳定的发展，粮食的产量从2010年的5437.10万吨上升到了2021年的6544.20万吨，上升了20.36%，对比河南省的粮食作物面积2010年的9740.17千公顷上升到了2021年的10772.31千公顷，作物面积上升了10.6%，也就是说河南省增加了10.6%的粮食作物面积却增加了20.36%的粮食产量，河南省粮食产量不断增产高产。河南省油料作物的产量也在不断增加，油料作物的产量从2010年的540.72万吨上升到了657.28万吨，上升了116.56万吨，再来看油料作物的面积，2010年是1564.12千公顷，2021年是1604.37千公顷，上升了40.25千公顷，也就是说上升了40.25千公顷却多产了116.56万吨的产量，油料作物的产量也在不断增产高产；棉花和糖类河南省近些年一直在减少其耕种面积，因此产量也在不断减少；蔬菜及食用菌的产量也在不断变化，在耕地面

积仅仅上涨54千公顷的情况下产量从2010年的6760.21万吨上升到了2021年的7607.15万吨，上升了846.94万吨，说明河南省蔬菜及食用菌的产量也在不断增高。

7.3.2 低碳经济背景下河南农业产业低碳发展的对策措施

低碳农业是符合低能耗、低污染、低排放的现代化农业。我国大力实施和发展低碳经济以来，河南省农业产业采取了很多低碳化的对策措施，大力发展低碳农业，取得了明显成效。

1. 秸秆综合化利用实现碳减排

河南省是农业大省，每年夏收秋收的时候都会产生大量的小麦、玉米等农作物秸秆，未实行低碳经济的时候人们往往在田间地头焚烧后作为肥料，如此一来不但会造成二氧化碳的排放还会产生浓烟污染环境。在低碳经济背景下，河南省加快了秸秆综合利用工作，2020年河南省秸秆综合化利用效率为90%①，2021年河南省秸秆综合化利用效率为92.4%，2022年夏天河南省小麦秸秆综合利用率达到了98%②。由此可见河南省农业秸秆综合利用技术模式已经基本建立，在广大农村地区的推广利用效果显著。

秸秆综合化利用首先是秸秆机械化还田为主的肥料化利用。秸秆机械化还田的肥料化利用属于能源循环利用措施，具有节能环保的特点。目前河南省采用的秸秆还田技术主要包括机械直接翻压后还田和秸秆覆盖还田。秸秆经过处理还田以后，经过一段时间与土壤发生反应，或者

① 2020年河南省秸秆综合利用率达到90%［EB/OL］. 河南政府网，2020-03-26.

② 2022年河南省秸秆综合利用项目推进视频会议在郑州召开［EB/OL］. 中华人民共和国农业农村部网，2022-8-4.

人工干预加快其发酵，秸秆慢慢地转化为营养元素就可以作为下次耕种的肥料。秸秆还田不但能够减少二氧化碳的直接排放，还能够增加土壤有机质含量进行固碳，能够有效促进农业增汇增产，因此秸秆还田是河南省低碳农业首要推进的技术项目。

秸秆综合化利用其次就是秸秆青贮为主的饲料化利用。有很多农作物收获时秸秆还是青的，可以作为动物饲料，但是如果不经过加工这些青秸秆存储起来比较困难，会干会坏达不到作为饲料的目的。秸秆青贮后形成饲料可以长期利用。河南省正阳新天地草业公司负责人认为，花生秧变饲料可以两头受益。一方面，一般情况下一亩地能够产出600斤左右的花生秧，按照2021年收购价一吨花生秧400～500元，那么卖了花生秧每亩地可以增收120～150元；另一方面，花生秧青贮加工后的饲料每吨是1200元左右，这比每吨2800元的苜蓿饲料，成本下降一半不止，同时营养价值还没有太大差别，因此秸秆青贮形成饲料对各方都是合作共赢的项目。但是河南省2021年产生了可饲用秸秆大约有6550万吨，然而秸秆青贮饲料化利用大约为1500万吨，秸秆饲料利用率仅约为22.9%，河南省秸秆青贮饲料化利用率不高①。一方面可能是河南省不是畜牧养殖大省，所需的饲料不多，另一方面可能是收储比较困难。农作物收获季节单靠这些草业公司一家一户去收储是比较困难的，规模也上不去，而且碰到阴雨天气，农民不会保存，秸秆就失去了利用价值。因此，河南省近几年一直在推进秸秆收储体系的建设。

最后，秸秆综合化利用还包括以秸秆制沼气和固化成型为主的能源化利用。河南省各地市都有以秸秆沼气和固化成型为主的能源化利用试点项目，它们利用县市周边玉米秸秆达到一定规模后进行秸秆的能源化利用。濮阳市一个1万吨的玉米秸秆能源化项目每年可以解决当地10万亩地玉米秸秆的处置问题，同时可以每年减少二氧化硫排放166吨，减少

① 秸秆饲料化之路有多远［EB/OL］. 中华人民共和国农业农村部网，2022－4－28.

二氧化碳排放466吨，节能减排效果明显[①]。目前，河南省农业农村厅也正在积极推进秸秆沼气和固化成型为主的能源化利用项目。

2. 畜禽养殖废弃物资源化利用成为能源

近年来，河南省加快推动以畜禽粪污为主要原材料的规模化沼气工程建设，促进农村能源发展和环境保护。2017年，河南省发布了加快推进畜禽养殖废弃物资源化利用的意见，大力支持规模较大的畜禽养殖场或者专业化的生物质能企业生产沼气、生物天然气以此来加快促进畜禽粪污能源化利用。规模养殖农户可以实现在生活中用沼气进行做饭取暖，还可以运用沼气进行发电用电，同时可以综合利用沼气肥料实现农、牧、沼、种、养、用一体化，达到清洁能源、生态循环供能。

河南省人民政府新闻办公室数据显示，2017年河南省全省规模养殖场粪污处理利用配套设施比例达80.4%，创建国家级畜牧业绿色发展示范县10个，建设病死畜禽无害化处理长效机制试点20个，建设完成大型农村沼气工程54处。畜禽养殖废弃物资源化利用关系农村居民生产生活环境，关系农村能源革命，关系能不能不断改善土壤地力、治理好农业面源污染，是一件利国利民利长远的大事。2018年河南省建成省级生态畜牧业示范市5个、畜禽养殖废弃物资源化利用示范基地7个、农牧结合生态养殖场1700多个，有机肥厂405个，有机肥生产能力由3年前的不足200万吨提高到目前的467万吨，年均增长30%以上；建设粪污储存场600万平方米、粪尿贮存池1240万立方米，沼液还田管网铺设长度由3年前的不足10万米增加到目前的205万米，全省18个省辖市、144个县（市、区）建立了育肥猪保险和动物疫病防控、无害化处理联动工作机制[②]。

---

① 河南巨烽生物能源开发有限公司. 1万吨/年秸秆固化成型燃料生物能源化利用项目可行性报告［R/OL］. 绿探集团网，2015年6月.

② 河南加快推进畜禽养殖废弃物资源化利用［N］. 农民日报，2018-01-30.

河南省在不断推进畜禽养殖废弃物处理和资源化利用的过程中还出现了集中比较典型的模式主要分为以下几种：

（1）百亩地千头猪生产线模式。该模式以平顶山市宝丰县康龙集团为代表企业，适合畜禽粪污特别是污水通过大田作物消纳，主要做法是：依托自有万亩生态循环农业示范区，以200亩中低产农田为单元，建设一条饲养1000头生猪育肥生产线。建设下沉式半地下大棚养殖场和储液发酵池各一座，占地约2亩。每条千头线所产生的粪污经发酵池处理后，直接用于还田，在解决100亩粮食作物用肥的同时，剩余粪肥用于40亩左右中低产田改良，5年改良一遍①。

（2）养殖企业种养一体化就地消纳模式。该模式以南阳市方城县鸿旺牧业公司为代表，适合大型养殖企业就近流转低产田或荒山荒坡进行循环消纳，主要做法是：按照养殖规模与消纳土地相配套的要求，企业与周边农村签订土地流转合同，承包包括荒山荒坡在内的1万亩土地。养殖粪污经沼气工程等设施处理后，沼液和有机肥施入流转土地，发展现代有机农业和林果业，沼气供给农民使用，实现农业增产增效。

（3）"分散收集+集中处理"模式。该模式以河南金汇农业科技公司为代表，属于第三方治理模式，适合在养殖密集区推广使用。企业与周边28家养殖场签订畜禽粪便消纳协议，派出专业运输车辆及人员收集区域内的养殖场粪便，运送至由公司投资建设的有机肥生产基地，进行集中无害化处理及有机肥的生产。同时，在有机肥厂周边开展5万亩的土地托管，实现种养结合②。

3. 化肥、农膜和农药使用减量化节约资源

河南省2003~2021年化肥、农膜和农药使用量以及每公顷耕地面积

---

①② 【产业扶贫】"百亩千头生态方"破解养殖污染 助力产业脱贫［EB/OL］. 搜狐网，2018-1-14.

使用量，如表7-9所示。

表7-9　河南省化肥、农膜和农药使用量以及每公顷耕地面积使用量

年份	农用化肥使用折纯量（万吨）	农用塑料薄膜使用量（万吨）	农药使用量（万吨）	耕地面积（千公顷）	每公顷耕地平均化肥施用量（千克）	每公顷耕地平均农膜施用量（千克）	每公顷耕地平均农药施用量（千克）
2003	467.89	9.88	9.87	7187.20	651.00	13.75	13.73
2004	493.16	10.16	10.12	7177.50	687.09	14.16	14.10
2005	518.14	10.84	10.51	7201.20	719.52	15.05	14.59
2006	540.43	11.84	11.16	7202.40	750.35	16.44	15.49
2007	569.68	12.66	11.80	7201.90	791.01	17.58	16.38
2008	601.68	13.07	11.91	7202.20	835.41	18.15	16.54
2009	628.67	14.14	12.14	8192.01	767.42	17.26	14.82
2010	655.15	14.70	12.49	8177.45	801.17	17.98	15.27
2011	673.71	15.16	12.87	8161.90	825.43	18.57	15.77
2012	684.43	15.52	12.83	8156.76	839.10	19.03	15.73
2013	696.37	16.78	13.01	8140.71	855.42	20.61	15.98
2014	705.75	16.35	12.99	8126.06	868.50	20.12	15.99
2015	716.09	16.20	12.87	8105.93	883.41	19.99	15.88
2016	715.03	16.31	12.71	8111.01	881.55	20.11	15.67
2017	706.70	15.73	12.07	8112.28	871.15	19.39	14.88
2018	692.79	15.28	11.36	8158.29	849.19	18.73	13.92
2019	666.72	15.08	10.72	7514.07	887.30	20.07	14.27
2020	647.98	15.17	10.24	7488.15	865.34	20.26	13.67
2021	624.66	14.04	9.74	7514.10	831.32	18.68	12.96

资料来源：2022年河南统计年鉴。

由表7-9可知，从农用化肥使用折纯量上看2003~2015年河南省的化肥使用量一直在不断上升，从2003年的467.89万吨上升到了2015年的716.09万吨，13年间上升了1.53倍；但是从2016年开始河南省农用化肥使用量开始逐渐慢慢减少，2021年的使用量基本与2009年持平。从农用塑料薄膜使用量上看其变化趋势基本与化肥使用情况一样，2003~2013年不断增加，增加了1.7倍，2014年以后开始减少。农药使用量也

是2003～2013年不断增加，增加了1.32倍，2014年以后开始减少，2021年的农药使用量甚至低于2003年使用量。从每公顷耕地平均农用化肥施用量上看，2013～2016年不断增加，2017年和2018年虽然有所减少，但是2019年又增加到历史最高。每公顷耕地平均农用塑料薄膜施用量也在不断增加，2020年达到历史最高值，2021年明显减少。每公顷耕地平均农药施用量2014年达到最高值，然后开始不断减少。综上所述，近20年来河南省农用化肥、农药、农膜的施用量均呈现出了先上升后下降的趋势。这说明在低碳经济背景下河南省的农业生产要素减量化措施取得了显著成效，但也要充分认识到河南省农用化肥、农药、农膜的施用量与全国平均水平相比还仍然处于高位。因此，在大力实施低碳农业的当下，河南省在农用化肥、农膜和农药减量化方面仍然需要加大力度。

（1）在推进化肥减量增效方面。首先是调优结构减量，调减干旱耕地和贫瘠土地的玉米种植面积，减少化肥的投入。其次是优化氮、磷、钾肥料比例结构，同时不断开发高科技高效肥料。再次是精准施肥减量，推广机械化施肥、水肥一体化、种肥同播等技术，提高化肥的利用效率。河南省焦作市还推行一种测土配方进行施肥达到减肥的目的，该项技术实施1000万亩地可以节省化肥2536吨，同时能够增产3.56万吨粮食。最后是使用有机肥替代化肥来减量，秸秆机械化还田转化为肥料或者畜禽粪便资源化后转化为肥料。

（2）在进行农药减量增效方面。首先是应用物理防治、生物防治等绿色杀虫手段减少农药使用量。例如，河南焦作使用物理杀虫器具杀虫以达到减药的目的，焦作在1万亩无公害蔬菜示范基地安装200盏频振式杀虫灯杀虫来减少农药使用量。其次是提高新型高科技的施药机械利用率来进行农药减量，推广自走式喷杆喷雾器、无人机施药等大中型机械的使用。再次是推广高效低风险农药优化结构减量。最后是应用生物制药、高效低毒低残留农药，替代高毒高残留农药。

（3）在进行农用薄膜减量方面。首先是加强废旧农用薄膜的回收处置，农用薄膜使用回收主要是指导有条件的农业经营主体回收废旧农用薄膜，开展农用薄膜回收利用整村整县推进，以点带面辐射带动全省薄膜回收工作持续推进。其次是农用薄膜减量技术推广，通过开展全生物降解地膜示范、推进标准地膜规范化使用、推进加厚地膜应用范围等，指导种植大户、农民合作社、龙头企业等新型农业经营主体因地制宜，积极探索农膜替代型技术如全生物降解地膜和秸秆覆盖种植，减少用量型技术如一膜多用，减少残留型技术如高强度加厚地膜等途径实现地膜减量化。

7.4 河南经济低碳发展的工业产业结构调整研究

7.4.1 低碳经济背景下河南工业产业结构调整变化

张（Zhang，2014）的研究表明工业结构优化调整能够使中国工业能源强度下降 12%，因此工业结构的调整特别是轻重工业结构的调整变化是迫使能源消耗强度下降及二氧化碳排放量下降的主要因素。随着河南省工业化和城镇化持续推进，造成温室气体排放量的不断增加，因此工业结构低碳化转型是实现河南省区域内经济绿色低碳发展的关键。

1. 推动传统制造业转型升级

2015 年我国出台了强国战略的第一个十年纲领中国制造 2025，随着这一行动纲领的出台，我国各省份都掀起了一轮建设制造强省的浪潮。河南省也在朝着制造强省的方向努力。河南省的传统制造业生产规模大、占国民经济的比重也比较大是河南省经济发展的基础与优势。新时代推动传统制造业转型升级，是河南省加快实现由制造大省向制造强省转变的必由之路。

河南省人民政府2022年发布了开展企业技术改造提升行动促进制造业高质量发展的实施意见，该意见对河南省传统制造业转型升级促进制造业的高质量发展提出了以下几个重点方向：（1）制造业高端化改造提升；（2）制造业智能化改造提升；（3）制造业绿色化改造提升；（4）制造业服务化改造提升。

河南省制造业综合实力一直在不断提升，2003～2022年，河南省全部工业增加值从3034.14亿元增长到19592.76亿元，总量稳居全国第五位和中西部第一的位置。河南省历年全部工业增加值，如表7－10所示。

表7－10　　河南省历年全部工业增加值

年份	工业增加值（亿元）	年份	工业增加值（亿元）	年份	工业增加值（亿元）	年份	工业增加值（亿元）
2003	3034.14	2008	9546.08	2013	15960.60	2018	17323.00
2004	3862.18	2009	9858.40	2014	15904.28	2019	17938.00
2005	4923.00	2010	11950.82	2015	16100.92	2020	17147.00
2006	6070.93	2011	14401.70	2016	16830.74	2021	18785.30
2007	7508.27	2012	15357.36	2017	16741.00	2022	19592.76

资料来源：河南省历年国民经济与社会发展统计公报。

由表7－10可知，河南省历年来全部工业增加值一直在不断增加，2012年以后增加的速度在减小，但是除了2020年以外，总体在不断增加。河南省制造业产业很多开始向供应链价值链的中高端、目前河南省装备制造业、食品行业，以及电子信息行业处于全国领先水平；新能源汽车客车、现代化农业、新尼龙材料以及智能传感器这些产业的技术水平也都处于全国前列。很多河南企业在我国神舟飞船、港珠澳大桥、商用大飞机、航母等国家重要领域起到重要作用。河南省出现了一大批龙头企业，甚至出现在了中国制造业500强中，比如河南省的宇通客车、河南双汇、河南省牧原集团、河南一拖等；另外河南省有374家小企业被国家选为精特新企业、产业体系越加完善，产业结构更加优化发展，制造业中战略性的新兴产业和高新技术发展迅速在各产业中发挥出了引领作用。根据国家战略性新兴产业目录：新能源以及新能源汽车、生物医药、节能环保、新一代信息技术、高端装备制造业、新材料等，河南省2022年国民经济社会发展公报数据显示，2013年河南省新兴产业工业增加值增长了13.3%，到了2022年河南省的战略性新兴产业工业增加值增长8.0%，河南省新兴产业工业增加值占规模以上工业增加值比重从2013年的10.6%上升到了25.9%；2013年河南省高技术制造业增加值增长17%，2022年河南省高技术制造业增加值增长12.3%，占规模以上工业增加值的比重也从2003年的5.6%增长到了2022年的12.9%。2021年河南省发布"十四五"战略性新兴产业发展规划，规划中明确指出到2025年河南省战略性新兴产业规模实现翻倍增长，工业增加值占规模以上工业增加值的比重要超过30%。

（1）制造模式智能化发展。

河南省近十年来积极推进制造业高端化、智能化、服务化、绿色化发展，先进的制造模式持续不断发展，智能化制造快速渗透，在这期间18个地级市涌现出来了一大批企业智能化项目入选成为我国智能化制造和工业互联网加示范项目，培养出来的智能工厂和智能车间完全具备行业领先水平，产业智能大脑+企业智能工厂的模式正在逐步形成。河南省制造业逐渐呈现出以信息平台支撑为基础，以数据信息为驱动、以智能机器为主导、进行服务增值的新趋势，制造业的制造模式、信息化管理方式、员工组织形式、企业工厂形态各个方面发生着巨大的变革。

在上文的高质量发展意见中提出每年要建设一批智能化生产车间，用机器人来代替人工。在这一方面每年都涌现出一批这样的示范车间。例如，驻马店阿尔本服饰生产车间，以前的服饰生产车间是需要人工搬运出库入库，可能还需要大量的人工脚踩缝纫机，改装后的生产车间，1千平方米大的生产车间内你看不到任何搬运工人，不管是搬运原材料还是搬运成品，这些工作都由智能机器人承担了，例如，有负责搬的背负式 AGV 智能机器人（自动引导运输车），负责运输的叉车机器人，还有负责仓储的箱式仓储机器人，这些智能化的设备基本实现了制造业的高效率发展。高效率还体现在只要是人工总会出错，例如，有工人上料出料导致成品出错，有了这些智能化的设备，它们可以准确地把原材料布料、半成品衣服，以及成品服饰分门别类地放在仓库里面对应的位置，这样的仓储管理系统基本能够实现货物进出库的智能化，大大降低了进出库的错误率，提高了工作效率，同时也就节约了生产成本。

可以说驻马店已经把制造业转型升级推进高质量发展作为了主攻方向，积极推进地方企业实施制造业智能平台，鼓励有条件的大型企业加大智能化投入，数字化改造来提升制造业企业的核心竞争力，目前除了上述的服装智能化平台之外，还有畜牧业机器设备智能化也在推进。

在成熟的智能化设备和数字化技术的支持下，驻马店市先进制造业开发区有将近十余家的畜牧业机器设备制造业企业都在打造“智慧化工厂”。其中 2020 年一家名为万华畜牧设备的公司率先规划建设了 5 条智能化的畜牧机器设备生产线，同时配套了现代化的信息管理系统，已经基本实现了畜牧养殖智能化、精益化和无人化养殖。通过这些现代化的信息管理系统基本可以实现生产环节、物料环节的完全标准化生产管理，这样大大降低了养殖风险，同时信息系统记录的大量数据还可以帮助企业进行精准预测帮助企业进行决策。例如，没有加入机器人的时候养鸡场鸡笼制作的时候都需要将镀锌板进行手工折弯才可以制作鸡笼，这一项工作如果是人工来做的话残次品很多，不是弯曲程度不够就是折断了，但是加入了智能化设备以后，只需要在终端操作设备上输入我们要生产的标准数据，有专门的自动弯折机器人可以对这些镀锌板进行精准化的弯折，标准化生产、效率还非常高、质量还保质保量，而且一个工人可以同时操作至少五台机器进行工作，非常方便高效。驻马店鼓励支持符合条件的相关企业依托数字技术加快制造业转型升级，不断推进制造业智能化发展。

（2）制造模式绿色化发展。

2023 年初河南省人民政府发布了河南省制造业 2023 ~ 2025 年绿色低碳高质量发展三年行动计划，该计划中首先提出了河南省制造业高质量发展的目标是：到 2025 年的时候，全省规模以上工业增加值能耗相比较五年前要下降 18%，产业结构持续不断优化发展，从而带动河南省绿色低碳产品供给能力不断增大，绿色制造水平得到全面提升。

河南省对于传统产业的重点行业实行节能减排，主要措施包括产能的置换，改造大型设备，积极处理过剩产能，推动制造业变革打造制造业材料 + 设备 + 品牌新模式来推动传统制造业行业绿色发展；对于新时代信息技术、材料医药、新能源汽车、环保产业要培养绿色低碳产品，同时开发氢能资源、CCUS 技术等扩大低碳产业的水平和规模。

（3）制造模式服务化发展。

近年来河南省很多制造业企业从传统的产品观念开始向综合解决问题提供商方向转型，形成了制造加服务、产品加服务和装备加平台加服务的新模式，制造业开始向制造服务业转变。

河南泰隆电力设备公司生产的数字化智能预装式变电站，可以通过手机移动端 App 在线监测和数字操控，其自主研发的智能云安全预警系统，搭建了“电力互联网系统平台 + 智能运维中心体系”，通过对电力设备的全天候监控、故障预警和快速处理，实现“线上监测预警 + 线下智能运维”全新服务方式，同时行业为企业创造了“经济效益分析服务 + 运维托管服务”发展盈利模式。配电监测智能云安全预警系统平台可以有效地采集温度、电流电压等电力数据，并在云端对故障趋势、寿命等进行大数据分析，这些信息会被有效地推送给用户，通过精准调度进行故障的抢修和处理。这样的话，传统1～2小时的运维，通过智能云的快速响应，可以提升至15分钟，甚至是5分钟，把故障给解决掉。该企业完全实现了从传统的产品观念开始向综合解决问题提供商方向转型。

2. 支持新兴产业发展

2017年河南省政府印发《河南省装备制造业转型升级行动计划(2017—2020年)》，计划提出，重点发展节能环保装备在内的四大新兴产业。其中提到，围绕大气、水和土壤污染防治攻坚任务和节能降耗目标，强化标准约束和市场倒逼，加快节能环保装备供给。重点研究锅炉窑炉等节能技术、“三废”（废水、废气、固体废物）处理等环保技术，重点发展高效节能电机和变压器、多污染物协同处理成套装备等先进装备，扩大余热余压利用、生活垃圾处理等装备优势。以建设绿色工厂、绿色园区、绿色供应链为抓手，实施节能环保重点工程，推动节能环保装备示范应用，大力发展节能环保服务业，完善节能环保装备产业链。2012～2021年河南省战略性新兴产业占规模以上工业增加值比重，如图7－1所示。

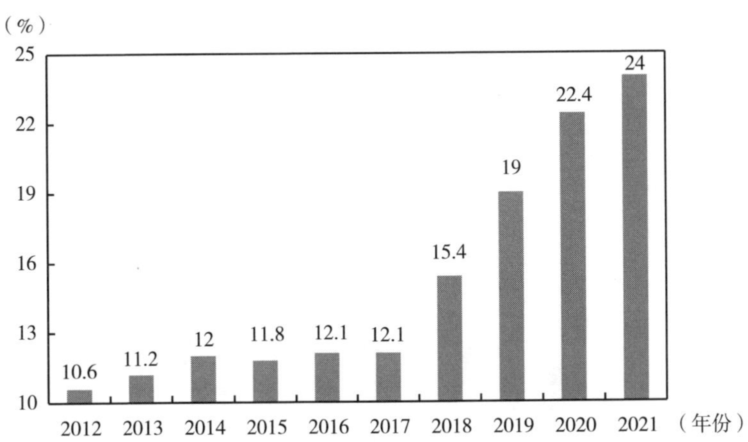

图7－1　战略性新兴产业占规模以上工业增加值比重

资料来源：河南省统计局。

由图7－1可知，2017年以前河南省没有提出装备制造业转型升级计划，没有提出重点发展一些战略性新兴产业的时候河南省战略性新兴产业占规模以上工业增加值比重基本没有太大的变化，也就是从2012年的10.6%上升到了2017年的12.1%，变化幅度比较小，但是随着2017年该计划的提出，河南省加大了对战略性新兴产业的投资，河南省战略性新兴产业迅速发展，2021年河南省战略性新兴产业占规模以上工业增加值比重比2017年的比重翻了一倍。在这四到五年之间河南省新兴产业集群迅速形成，包括新信息技术、生物医药技术、智能传感器和装备、新能源汽车、节能环保等的一大批战略性新兴产业链也在逐渐形成并发展壮大，其中有来自郑州、平顶山和许昌的4个产业集群成功入选了国家战略性新兴产业群，还有是14个成功入选到了国家新型工业化示范基地，河南省新兴产业发展效果显著。

3. 不断壮大高科技产业

2013年初河南省科技厅开始投入实施了39个高新技术产业化项目，同时带动企业3个多亿的研发投入，以此来提升河南省高新技术产业的技术水平。河南省2012～2021年高新技术制造业占规模以上工业增加值比重，如图7－2所示。

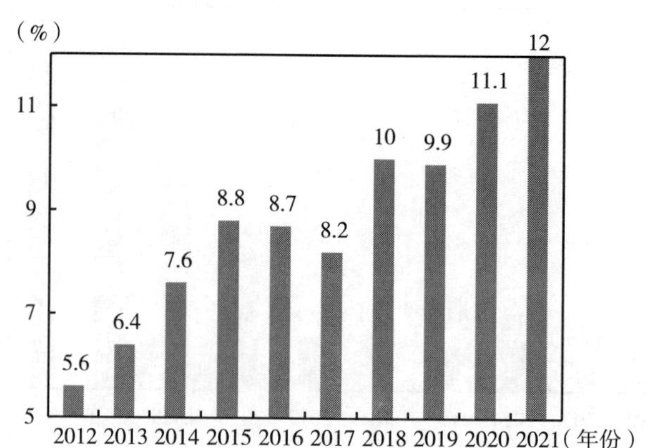

图7－2　河南省高新技术制造业占规模以上工业增加值比重

资料来源：河南省统计局。

由图7－2可知，2013年河南省科技厅的高新技术的投入成果比较显著，河南省近十年高技术制造业不断发展，其占规模以上工业增加值比重也在不断上升，从2012年的5.6%，上升到了2021年的12%，上升了1倍不止。但是相比较新兴战略性产业来说，高新技术产业的发展速度要低于其发展速度。

7.4.2 低碳经济背景下河南工业产业低碳发展的对策措施

1. 原料、材料、燃料替代是工业产业低碳发展的重要方向

加快推动制造业原料、材料、燃料替代的技术攻关与成果应用是制造业产业低碳化发展的重要方向。例如，钢铁行业，政府正在逐渐引导企业转向废钢生产钢材的一种再循环模式，以此来减轻炼钢过程中对铁矿石、焦炭等原料的依赖，减少煤炭能耗；石化化工行业政府加大生物柴油推广力度；建材行业围绕水泥、平面玻璃等生产过程，引入生物燃料、天然气、可再生废弃物等替代燃煤，发展非碳酸钙的替代熟料技术，促进水泥生产低碳化，利用固体废弃物制砖代替传统黏土砖。

例如，焦作某建材公司利用粉煤灰混凝土加气砌块替代黏土砖用于建材。我国房屋建筑材料中70%是墙体材料，其中黏土砖占据主导地位。生产黏土砖每年耗用黏土资源达10多亿立方米，约相当于毁田50万亩，同时我国每年生产黏土砖消耗7000多万吨标准煤①。如果实心黏土砖产量继续增长，不仅增加墙体材料的生产能耗，而且导致新建建筑的采暖和空调能耗大幅度增加，将严重加剧能源供需矛盾。

我国每年产生各类工业固体废物1亿多吨，累计堆存量已达几十亿

① 资料来源：《国务院办公厅关于进一步推进墙体材料革新和推广节能建筑的通知》国办发〔2005〕33号。

吨，不仅占用了大量土地，而且所含的有害物质严重污染着周围的土壤、水体和大气环境。加快发展以粉煤灰、建筑渣土、冶金和化工废渣等固体废物为原料的新型墙体材料，不仅能抑制毁田烧砖行为、保护土地资源，而且能利用废弃资源，做到综合利用，使之节能降耗，对促进资源集约利用、有效保护环境，实现可持续发展具有重要意义。

2. 技术工艺迭代升级是工业产业低碳发展的关键举措

加快制造业技术工艺迭代升级，减少能源消耗和二氧化碳排放是工业产业低碳发展的关键举措。首先是钢铁行业，以前河南省乃至全国炼铁生产实践中工艺都是用碳将铁矿石中的氧化铁还原出铁来。不管是高炉炼铁还是直接还原，或者是熔融还原，全部都是以碳作为还原剂的，所以在炼铁过程中不可避免的会产生温室气体二氧化碳。目前炼铁工艺过程中逐渐采用加氢还原铁技术替代碳作为还原剂来减少二氧化碳的排放，同时也正在推广铁矿石压块技术代替传统的烧结技术进行生铁材料锻造来减少能源消耗。其次是有色金属行业，重点突破余热回收、原铝低碳冶炼、海绵钛冶炼等共性关键技术、颠覆性技术。再次是石化化工行业，积极实践 CCUS 技术，探索利用二氧化碳生产高附加值烯烃、甲醇等化工产品的方法，进一步提高方案技术经济性。接下来是建材行业，加快水泥窑炉富氧燃烧技术等新技术工艺的应用推广；针对混凝土等建材，改进原有的蒸汽工艺，在硬化环节注入二氧化碳，实现碳捕捉。最后是能源行业数字化，加快推动数字技术在能源供需两端的多领域深度融合。在智慧发电、智慧电网、智慧储电、智慧用电等技术领域持续发力，在供能端构建以新能源为主体的新型电力系统；在用能端探索建立数字化工业碳排放管理体系，形成多能融合、产供储销协同的智慧能源系统。

例如，许昌某纺织厂进行了节水改造工艺，本次技术改造的主要内容是对用水系统管网、空调室系统、人工制冷装置以及计量装置进行改造。

（1）用水系统管网改造。将直流水系统改为循环水系统，在原供水系统的基础上增建蓄水池、冷冻站、冷却装置、循环水处理装置等，以及铺设回水管道、增加过滤装置、增加除垢装置等，清花、梳棉、络筒空调采用空调循环水系统，细纱、精并粗空调采用人工制冷的冷冻循环水系统。

（2）空调室系统改造。对清花、梳棉、络筒等车间，取消原有空调室直流冷却水系统，采用空调循环水系统，在喷淋段前增设间接蒸发冷却装置以节省人工制冷，增设高效前置式加湿系统；细纱、精并粗车间取消原有深井水直流系统，采用冷冻循环水系统，增加人工制冷系统，增大喷淋室喷嘴的密度，加大喷排间距，采用两排对喷；并改造挡水板和回风窗，以最大限度地起到节能节水的目的。

（3）增加人工制冷冻水系统。将目前以地下水为冷源的水系统改为以人工制冷为冷源的水系统，增加制冷量为 4220 千瓦冷水机组 9 台，在电价处于谷底时制取冷冻水，储存在储冷蓄水池中，以保证细纱和精并梳工序夏季供冷需求，冷冻水系统采用具有蓄水池的循环回路，尽量减少冷冻水回水的冷量损失和水量损失，冷却水系统采用负压式大温差节能型冷却塔，用处理过的深井水进行补水。

7.5 河南经济低碳发展的第三产业结构调整研究

7.5.1 低碳经济背景下河南第三产业结构调整变化

第三产业已经成为国民经济最重要的组成部分，在产业结构高级化的过程中，也就是第一产业向第二产业转移、第二产业向第三产业转移时，三次产业单位二氧化碳排放量是依次递减的。因此，低碳经济约束下河南省产业结构要越来越向第三产业偏重。值得注意的是，虽然第三产业相比于第二、第一产业的碳排放较低，但其分行业结构的调整对于低碳经济的发展仍然具有重要作用。河南省第三产业历年来分行业增加值，如表 7 - 11 所示。

1. 批发和零售业、住宿和餐饮业是河南省第三产业发展主体

河南省批发和零售业、住宿和餐饮业在 2003 年及以前统计口径是放在一起的，而且统计社会消费品零售总额的时候两个放在一起，因此我们也把这两项放在一起分析。由表 7 - 11 发现除了 2007 年以前的几年批发和零售业增加值低于交通运输、仓储和邮政业之外，2008 年开始批发和零售业是河南省第三产业增加值最高的产业，再加上住宿和餐饮业，此两项的增加值占到了 2004 年第三产业增加值的 62. 84% ，以后的年份随着交通运输、房地产业、租赁等行业的发展这个比例有所减少，但是 2021 年依然占到了 19. 54% 。也就是在第三产业分行业中占到了将近 1/5 的量。全河南省社会消费品零售总额 2021 年为 24381. 70 亿元，但是 2021 年河南省第三产业生产总值为 28934. 93 亿元，可见批发和零售业、住宿和餐饮业是第三产业的发展主体。

2. 交通运输、仓储和邮政业是河南省第三产业第二支柱行业

由表 7 - 11 可以看出，交通运输、仓储和邮政业是河南省第三产业 14 个行业中除了批发零售、住宿餐饮业之外的第二大支柱行业，2004 年的时候该产业增加值占到第三产业增加值得比重为 21% ，2005 年、2006 年都是 20% ，2007 年开始下降到 19% ，2009 年时候下降到了 14% ，从 2010 年到 2017 年的时候比重处于 12% ~ 13% 。2017 年以后比重下降到

表 7－11　河南省第三产业历年来分行业增加值　单位：亿元

年份	批发和零售业	交通运输、仓储和邮政业	住宿和餐饮业	信息传输、软件和信息技术服务业	金融业	房地产业	租赁和商务服务业	科学研究和技术服务业	水利、环境和公共设施管理业	居民服务、修理和其他服务业	教育	卫生和社会工作	文化、体育和娱乐业	公共管理、社会保障和社会组织
2004	512.47	565.98	263.02	127.80	170.76	237.15	57.31	60.16	24.24	116.44	184.13	117.53	25.51	231.29
2005	592.24	645.65	302.95	165.98	196.95	275.22	75.25	73.05	30.73	137.41	218.36	137.14	30.02	271.76
2006	682.40	739.29	377.94	180.36	219.72	348.70	92.94	81.17	33.42	168.63	271.10	146.44	37.74	341.59
2007	765.76	866.73	493.40	205.73	302.31	447.44	107.53	93.87	43.05	180.94	367.66	174.43	49.05	414.07
2008	916.50	802.25	511.71	244.84	413.83	512.42	133.74	111.17	51.12	112.88	406.09	201.75	64.22	617.24
2009	1057.81	823.57	526.51	249.97	499.92	622.98	163.37	117.77	58.84	150.99	501.76	215.75	60.26	651.41
2010	1293.50	873.30	605.23	263.23	697.68	773.23	195.97	148.32	61.06	161.63	565.59	242.64	64.47	662.04
2011	1586.09	961.50	797.99	325.90	868.20	987.00	265.04	166.04	63.65	220.66	739.02	263.97	74.33	672.33
2012	1877.82	1151.91	898.36	347.89	1013.60	1040.70	312.05	197.59	83.95	268.86	814.45	320.01	100.91	729.47
2013	2072.59	1474.19	911.67	377.51	1280.92	1440.47	351.67	273.64	111.96	469.00	1077.56	457.15	188.54	826.50
2014	2278.45	1676.46	998.35	453.88	1509.20	1541.76	457.85	311.59	144.36	553.18	1212.10	544.55	216.69	891.95
2015	2609.46	1809.39	1030.80	626.35	1991.11	1657.04	568.40	343.36	172.72	670.31	1334.14	624.90	264.77	975.42
2016	2987.25	1938.06	1110.87	768.09	2256.61	1890.01	670.70	404.50	192.31	805.17	1537.74	664.12	311.95	1159.69
2017	3263.06	2162.85	1314.65	945.93	2509.19	2222.21	801.04	493.77	209.07	956.11	1701.84	780.67	367.34	1368.38
2018	3697.95	2834.06	1037.90	964.00	2529.20	3079.89	1610.36	999.96	263.50	1158.83	1848.47	1159.58	538.06	1598.74
2019	4043.41	3037.95	1157.64	1050.07	2773.21	3352.31	1868.44	1082.73	272.22	1327.20	2064.10	1297.56	629.41	1787.81
2020	4128.29	2846.54	1036.74	1258.07	2912.34	3606.48	1878.71	1112.15	292.04	1388.24	2170.83	1365.26	568.86	1803.28
2021	4468.02	3378.36	1114.17	1408.28	3101.60	3719.67	2004.87	1212.76	337.33	1494.34	2280.86	1472.63	623.12	1958.50

资料来源：2005～2022 年河南统计年鉴。

了11%~12%，因此2017年以前交通运输、仓储和邮政业的增加值排在第二的位置，甚至超过比较热门的房地产行业的增加值，2017年以后房地产行业增加值增长速度超过了交通运输、仓储和邮政业。由此可以看出交通运输、仓储和邮政业在河南省第三产业发展中的重要地位。

3. 房地产业是河南省第三产业中的第三支柱行业

由表7-11可知，房地产业是河南省第三产业中第三支柱行业。2004年河南省房地产行业的增加值为237.15亿元，2021年的增加值为3719.67亿元，18年间增加了14.68倍。而且2004~2006年房地产增加值都只占到第三产业增加值的9%，2007~2008年比重上升到了10%，之后2009~2017年比重都处在10%~12%，并且2017年的时候房地产业增加值比重12%首次超过交通运输、仓储和邮政业11%，之后的4年每年房地产增加值比重都超过交通运输、仓储和邮政业1%的比重。由此可以看出未来房地产业必将是第三产业的重要支柱行业。

7.5.2 低碳经济背景下河南第三产业低碳发展的探索

1. 批发零售业低碳化探索

河南省批发零售业在低碳经济背景下也在不断地进行节能减排方面的探索，主要包括以下五个方面。

（1）门店改造方面。批发零售企业进行门店改造主要包括：首先是建筑上实施保温墙，进行隔热保暖等方面的改造；其次是门店电器灯光设备的技能改造，例如，尽可能使用节能灯照明，尽可能使用自然光，都统一使用变频空调、变频冷藏设备；再次是进行节水改造，使用中水回收系统、卫生间安装感应水龙头；最后是有条件的企业要尽可能使用太阳能、风能发电设备从根本上减少碳排放。

（2）技术减排方面。首先就是包装材料的循环利用技术，以前的包装很多是塑料袋，现在很多变成了可降解的袋子；其次是利用电子商务技术，批发零售企业进行电商的过程中可以避免实体店运营过程中造成的能源消耗，达到节能减排的效果。

（3）管理减排方面。建设专门的节能减排管理结构、对门店的水电设立能源考核指标专人负责考核，同时加强对员工的培训，让节能减排深入员工的意识，让他们自觉主动规范自己的行为加入节能环保的行列中，另外鼓励企业无纸化办公，利用先进的计算机技术和信息化管理系统优化资源和流程、最大限度地提高资源的利用效率。

（4）品牌影响消费者低碳行为方面。居民的生活能源消费也占能源消费的重要部分，低碳经济的发展需要全民参与。全体公民都具有低碳消费理念是低碳经济发展的推动力。零售业大型品牌运用自己的品牌影响力，承担着他们的社会责任，承担着促进普通大众消费模式向低碳消费模式转变的责任。零售业为消费者传递的低碳消费模式主要有以下几种做法：首先是通过自身的宣传媒介帮助宣传低碳经济知识，让喜欢它的消费者更多地去了解低碳方面的知识；其次是标记商品碳足迹让消费者自行选择，再次是对商品进行绿色包装可循环利用或者可降解的材质，最后是像支付宝这样的可以利用公益活动让人们减少碳排放，利用自己的碳足迹实行植树造林，很多人为了那棵树会去乘坐公交和地铁等公共交通工具或者走路获得能量。这些都是零售企业在低碳经济方面发挥着自己的作用。

（5）打造绿色供应链方面。零售企业在面对消费者的时候可以利用自己的品牌影响力引导消费者实行低碳消费，还可以利用自己在供应链中的位置影响着供应商、配送仓储以及卖场的消费行为，促使他们进一步实施低碳生产、低碳运输，实现整个产业链的低碳化绿色化。在这个过程中形成了很多低碳超市，例如，沃尔玛、家乐福等，其中沃尔玛不光自己节能减排，它还实行绿色供应链计划，从供应商到配送到卖场各个环节都实行低碳经济。

2. 住宿餐饮业低碳化探索

河南省住宿餐饮业在低碳经济背景下也在不断地进行节能减排方面的探索，主要包括以下四个方面。

（1）建立绿色低碳行业规范。住宿餐饮企业要制定严格的行业规范，包括采购原材料时也要采购绿色低碳食品，对餐饮废弃垃圾实行垃圾分类减少对城市的环境污染，后厨的冷藏冷冻以及厨具等要符合环保节能的要求等。

（2）拒绝或者尽量减少一次性餐具使用。一次性包装餐具不易分解，对环境产生污染，最重要的是还会对人体造成伤害，一次性筷子使用会造成森林树木的大量减少，森林减少直接影响二氧化碳的吸收，因此餐饮业呼吁消费者拒绝或者尽量减少一次性餐具使用，为环保节能贡献自己的一分力量。

（3）理性消费减少浪费。2020 年习近平总书记作出重要指示，坚决制止餐饮浪费行为提出了光盘行动①。养成节约习惯不光是给自己钱包降荷，更重要的是可以减少浪费，因为食物的种植或者养殖的过程中会有很多的能源消耗，减少浪费也就减少了能源的消耗，浪费掉的食物还需要酒店环卫部门进行垃圾处理，这个过程中也要产生很多能源的消耗，不浪费食物就可以避免这些消耗。

（4）倡导低碳烹饪方法。吃饭很多人讲究色香味俱全，常使用的烹饪方式是炒、煎、炸，到了夏天最火的又是烧烤，这些烹饪方式一方面会污染环境，另一方面不利于人体健康。这非常不符合低碳经济要求，因此烹饪的时候尽可能多次采用清蒸、凉拌等一些简单的加工方式、减少废气的排放。

---

① 习近平对制止餐饮浪费行为作出重要指示［EB/OL］. 新华社，2020－8－11.

3. 交通运输业低碳化探索

根据沈培钧（2009）的研究发现，交通运输业每年全球排放的二氧化碳量占总排放量的30%以上，因此运输业的低碳发展十分必要，同时他发现航空和公路运输的碳排放量占到了交通运输业总排放量的80%以上，也就是说全球交通运输业每年全球碳排放中有24%是来源于航空和公路运输的碳排放。

相对而言，铁路运输每个人每公里产生的二氧化碳仅仅是同样条件下航空和公路运输的1/4和1/2的量，由此可见铁路运输是实现交通运输业向低碳经济转变的重要手段，但是对于城市而言轨道交通是现有技术下不依靠石油依靠电能的比较节能低碳的交通运输方式，也是低碳交通应该发展的重点。河南省2003～2021年铁路营运里程，如表7－12所示。

表7－12　铁路运输基本情况

年份	铁路营业里程（万公里）	客运量（万人）	货运量（万吨）	年份	铁路营业里程（万公里）	客运量（万人）	货运量（万吨）
2003	3410	97260	221178	2013	4822	189337	390438
2004	3752	111764	249017	2014	5108	230460	381334
2005	4000	115583	269296	2015	5205	253484	335801
2006	3988	125656	288224	2016	5466	281405	333186
2007	3989	135670	314237	2017	5470	308379	368865
2008	3989	146193	330354	2018	5460	337495	402631
2009	3898	152451	333348	2019	6080	366002	438904
2010	4224	152451	333348	2020	6134	220350	455236
2011	4203	167609	364271	2021	6134	261171	477372
2012	4822	186226	393263				

资料来源：2022年河南统计年鉴。

铁路运输货物时单位货物周转量能耗是公路的1/7，同时铁路运输每增加1亿吨的货物运输量，相比较公路运输同等货运量能够节省能耗大约是110万吨标准煤，能够减少的二氧化碳排放量约是270.6万吨，铁路运输的节能减排效果非常明显。也就是说，铁路每多承担一份货物运输量，就能够多节约一份能源消耗，同时减少一份温室气体排放。由表 7－12 可知，河南省为了交通运输业的低碳发展在不断加强铁路运输，从营业里程上看，2003 年铁路营业里程为 3410 万公里，2021 年增长到了 6134 万公里，增长了 1.80 倍，从货运量上看 2003 年是 221178 万吨，到了 2021 年增长到了 477372 万吨，铁路货运量增加了 256194 万吨，即 25.6194 亿吨，也就是说增加的铁路货运量相比同等公路完成同样运输节省 2818.134 万吨标准煤，减少了二氧化碳排放量为 6932.61 万吨，大大减少了二氧化碳的排放量。

河南省城市轨道交通作为低碳交通的重要支柱也在不断发展。以郑州市为例，首先，2013 年郑州建设通车了第一条地铁交通线，截至 2023 年已经开通了 8 条地铁交通地铁线；其次，2013 年还开通了郑州到开封的城轨，到目前为止一天有 48 班次的城轨开往开封，也就是基本上每半个小时有一趟去开封的轻轨；再次，郑州到新郑机场的城轨于 2015 年建成通车，截至目前每天运行 43 班次，也差不多每半个小时有一趟去新郑机场的轻轨；最后，郑州到焦作的城轨于 2013 年建成通车，截至目前每天运行 20 班次。城轨的开通方便了旅游出行，将大大降低私家车以及公路交通的出行，降低了石油能源的消耗。

4. 房地产业低碳化探索

河南省房地产行业一直以来都在践行低碳经济，主要举措体现在以下两个方面。

（1）精装修是低碳经济的趋势。房地产商提供给业主的房子如果是毛坯房，那么就需要装修，装修会造成资源的浪费。如果房地产商提供给业主的房子是精装修，房地产企业在进行精装修的时候可以统筹性建设，从户型规划到装修都能集约化，一套精装修的房子会比毛坯房少产生两吨的垃圾。因此精装修是低碳经济发展的未来趋势。从2017年开始河南省就开始出台推进房地产业精装修项目的政策，大面积建设精装修住宅的比例。万科在2010年就宣布退出了毛坯房市场，全面开展住宅精装修建设，查阅万科在郑州近几年开盘的项目像万科理想拾光、万科未来时光、万科山河道、万科拾谧森语、万科大都会、万科翠湾中城、万科星图、万科荣成云图等都是精装修，在精装修房产中占据重要位置。

（2）建材节能环保。房地产业实行低碳发展重要的一项是使房屋能够隔热保温。目前正在开发隔热一体化的系统希望降低房体温度，以此来减少居民对空调暖气等取暖纳凉设备的使用。河南省还出台了绿色建材评价的管理办法。目前河南省拥有许多节能保温建材公司，例如，查询好益施公司可以看到很多房地产项目如建业、恒大、融创、绿都的很多项目都是采用的他们的无机保温砂浆、黏结砂浆等外墙保温材料，这说明房地产行业正在践行建材节能环保。

7.6 本章小结

本章主要分析了低碳化背景下对河南省三次产业的调整变化，主要包括产业结构的调整以及产业发展过程中的低碳化变化的探索。低碳背景下河南省的产业结构由“二三一”结构转变成为“三二一”结构，第一产业结构中农业地位不断加强，林业畜牧业结构有所下降；第二产业中传统产业在不断优化升级，战略性新兴产业和高科技产业不断发展；第三产业超过第二产业发展。在结构调整的同时，农业低碳化探索主要是秸秆综合性利用，禽畜粪便综合化利用以及化肥农药农膜用量上；工业低碳化探索主要是制造业不断对原材料进行替代、工艺升级等方面；第三产业的批发零售、住宿餐饮业以及交通运输业、房地产业等行业也在不断探索低碳发展之路。

第8章 08

河南经济低碳发展的能源结构转型研究

根据前文研究结论，河南经济低碳发展的实现路径选择优先序分别为产业结构调整路径、能源结构转型路径和绿色金融支持路径。事实上，调整产业结构只是间接减排路径，为的还是通过降低第二产业比重来降低化石能源的消耗量，进而降低碳排放量。因此，发展低碳经济最直接、最有效的路径还是能源结构转型，故而本章对河南经济低碳发展的能源结构转型路径进行具体探讨。

8.1 低碳经济视角下能源结构转型的文献回顾和政策演进

8.1.1 经济低碳视角下能源结构转型的相关文献回顾

实现能源消费转型是国家能源发展、低碳经济、环境保护的重要挑战。国内学者针对低碳经济背景下能源结构转型开展了大量的研究，包括低碳经济下我国及各省份能源结构调整问题研究和煤炭石油清洁高效利用的研究以及 CCUS 技术。

1. 低碳经济下我国及各省份能源结构调整问题研究

中国能源政策研究学者林伯强（2015）认为，以环境治理为目标倒逼能源结构的转变能够对煤炭消费和二氧化碳的排放起到显著抑制作用，碳达峰碳中和目标与经济发展并不冲突。杨英明等（2019）发现我国能源消费结构的特点还是以煤炭为主、石油对外依赖度非常高、能源利用效率低、能源技术落后等问题仍比较突出。袁航（2020）提出了智慧能源体系助力能源结构转型。王睿佳（2022）分析了乙醇产业发展现状，以期其在助力我国能源消费结构转型中起到作用。张映红（2021）建议利用天然气、太阳能、风能等可再生能源、小型核反应堆在能源消费结构转型中的桥梁作用。何霄（2023）分析了我国能源消费的现状和问题，提出了促进能源经济结构转型的对策建议。屈博（2023）研究了能源消费结构转变形势下电能替代发展中存在的问题，以及需要攻坚的技术等。宁艳春（2023）指出生物质能是实现我国能源转型的重要途径。以上大部分都是能源结构转型中的问题及对策研究方面。

能源结构转型过程中金融市场科技的作用的研究主要有以下方面：黄华芳和胡召芹（2023）分析了科技创新在加快能源消费升级中的路径。白静（2023）提出了金融业助力服务能源经济转型的方法。王明月（2023）分析了金融在支持能源消费转型过程中存在金融政策、产业发展、政府支持三者之间缺乏协同机制的问题。施训鹏（2022）提出了实现我国能源转型要关注多发挥市场机制的作用。陈杨波（2022）指出我国能源结构优化的策略主要包括建设多元化合理化的能源供应体系，引导提倡绿色低碳的能源消费模式，同时建立双向调节的绿色监管机制。

楼荣达（2022）分析了在双碳背景下云南省能源结构如何优化，主要包括优化能源生产和消费结构，建设清洁低碳能源体制，建设低碳项目示范点等。

2. 煤炭清洁高效利用的相关问题研究

樊金璐（2016）提出要优化燃烧结构，广泛运用煤炭清洁高效燃烧技术，推进煤炭从单一燃料向原材料和燃料的转变。康小珍（2018）和孙宁（2018）同样提出了运用煤炭清洁高效燃烧技术来高效利用煤炭。王晓磊和陈贵锋（2021）构建了煤炭清洁高效利用的方向，希望煤炭利用能实现零污染零碳排放。郝成亮（2022）分析了我国煤炭清洁高效利用的现状，然后提出了其发展方向，包括煤炭洗选要进行智能精准化发展，提高燃煤发电的效率和煤炭分散清洁燃烧水平，同时加强煤炭资源与其他新能源资源的融合。樊楚楚（2023）提出加强科技创新促进能源结构优化。

3. CCUS 技术的相关研究

碳捕集、利用与封存技术（carbon capture，utilization and storage，CCUS）。贾子奕等（2022）分析了我国的能源供求模式和工业发展水平，阐释了我国目前实行 CCUS 技术面临的挑战，并提出了其商业运作和可持续发展的模式。张凯和陈掌星（2023）的研究结果发现，目前碳捕集效率不到 90%，而且碳捕集技术成本非常高，因此目前的重点是如何提高捕集效率和降低捕集成本。郭克星和闫光龙（2023）分析我国 CCUS 技术发展现状，急需要解决的技术是二氧化碳管道运输在工艺设计、管道止裂方面的技术。徐冬和张帅（2023）提出了 CCUS 技术规模化发展的激励措施，主要包括发挥市场价格机制和拓宽融资渠道等。袁鑫和赵淑媛（2023）针对 CCUS 成本比较高的问题，提出了其与甲烷干重整结合的技术路线。

综上所述，在针对我国以及各省份能源结构转型的研究中主要都是能源结构转型中的问题及对策研究方面，能源结构转型过程中金融市场科技的作用等，对煤炭清洁高效利用主要是关于优化煤炭燃烧结构以及燃烧技术等研究，CCUS 技术的相关研究主要是关于该技术目前实施存在的问题及挑战的研究。

8.1.2 低碳经济视角下国家能源结构转型的政策演进

我国最早的《中华人民共和国环境保护法（试行）》是在 1979 年公布的，在其第三章防止污染和其他公害第十九条就已经提出了要大力发展和利用好煤气、液化气、天然气、沼气、太阳能、地热和其他无污染或者少污染的能源。1986 年国务院颁布了《节约能源管理暂行条例》，在里面提到我国能源消耗高，经济效益低的问题。为了贯彻落实环境保护法，水利电力部在 1987 年颁布《火力发电厂环境影响报告书编制原则和内容深度规定》的通知，但是仔细阅读发现在当时大气污染物排放项目暂定的是对烟尘和二氧化硫进行计算，并没有关注到二氧化碳的排放。国家经济贸易委员会在 1999 年发布了关于《进一步促进风力发电发展的若干意见》其中提出了风力发电是目前新能源技术最成熟最具商业价值的发电技术，能够促进电力结构调整。

在 2006 年中华人民共和国中国国民经济和社会发展第十一个五年规划纲要总目标中首次提出要将单位国内生产总值能源消耗降低 20% 左右[①]。2007 年发改委制定了能源“十一五”规划，里面提出了我国能源效率低下的问题。2007 年国家发改委等部门制定国务院印发节能减排综合性工作方案的通知，提到了温室气体二氧化碳的排放问题，加强节能

① 资料来源：中华人民共和国中央人民政府网。

减排工作是应对全球气候变暖的迫切需要。同一年建设部出台了建筑节能的相关文件。2009 年国务院下发了节能减排工作安排，肯定了从 2006 年开始国家单位 GDP 能耗逐年下降，但是依然落后于“十一五”要求进度，对 2009 年节能减排工作提出了新的意见和建议。2010 年国家发改委联合六部委发布了《中国资源综合利用技术政策大纲》，其中提到了为了提高资源利用效率，要依据资源禀赋和产业构成，形成资源综合利用产业集群，探索和完善循环经济发展模式。财政部也在当年推出对高效节能空调进行财政补贴的政策，并且“十一五”期间各部门都在组织行业节能方面提供意见，例如商务部流通服务业节能，农业部渔业节能，国务院机关事务局的公共机构节能，财政部中小企业节能以及人力资源和社会保障部节能减排工作等。

在 2011 年的我国经济发展“十二五”规划里面提出要将单位国内生产总值能源消耗降低 16%，并首次将二氧化碳排放量的降低写进了规划里面，首次提出将单位国内生产总值二氧化碳排放降低 17%[①]。同年国务院印发了“十二五”节能减排综合性工作方案，里面肯定了“十一五”期间我国单位 GDP 能源消耗下降了 19.1%，基本完成了“十一五”规划的目标，同时方案中不光提出了要达标“十二五”规划的 GDP 能耗减低相对指标，也提出了绝对指标即“十二五”期间实现节约能源 6.7 亿吨标准煤[②]。该方案提到了要优化产业结构，同时还提出了要发展碳排放交易试点，动员全社会参与到节能减排工作中去。2011 年的时候交通运输部关于印发《公路水路交通运输节能减排“十二五”规划的通知》目的是促进能源消费结构升级，降低二氧化碳排放。同时，这一年各部门关于支持光伏产业的文件层出不穷，节能汽车的政策也在逐步完善。2012 年为了推动能源技术产业发展，科学技术部印发了太阳能发电科技发展

① 国民经济和社会发展第十二个五年规划纲要（全文）[EB/OL]. 新华社，2011-03-16.
② 资料来源：《国务院关于印发节能减排“十二五”规划的通知》国发〔2012〕40 号。

"十二五"专项规划的通知，里面重点明确了太阳能发电的目标、方向和任务。2012年工业和信息化部印发了工业节能"十二五"规划的通知，通知里面对重点工业钢铁、建筑、化工等行业单位工业增加值能耗分别给出了具体下降目标数值。为了优化能源结构住房和城乡建设部在同年发布了城镇燃气发展"十二五"规划，对城镇燃气发展提出了指导性的意见，发改委对天然气业和煤炭业分别提出了天然气和煤炭"十二五"发展规划。2012年财政部也出台了秸秆能源利用进行财政补贴的项目。同年国务院印发了《节能与新能源汽车产业发展规划（2012－2020）》。2013年国务院发布了能源发展"十二五"规划，首次提出了能源结构优化目标，将非化石能源消费比重提高到了11.4%，并且将天然气占一次能源消费比重提高到了7.5%，煤炭消费比重要下降，下降到65%左右，在"十二五"规划里面对我国未来的能源发展方向提出了更具体的目标和措施[①]。2013年工业和信息化部印发了石化和化学工业节能减排的通知。2013年国家林业局下发了《全国林业生物质能源发展规划（2011－2020年）》对林业能源建设布局和示范工程进行了规划。同年国家海洋局印发了《海洋可再生能源发展纲要（2013－2016年）》对重点技术、海洋能源布局和示范项目进行了规划。2014年能源局联合六部门印发了燃煤锅炉节能环保综合提升工程实施方案。2014年国务院还印发了加快新能源汽车推广的指导意见。2014年国务院还印发了能源发展战略行动计划（2014－2020年）明确降低煤炭消费比重，持续推动能源结构优化。2014年国家能源局发布了煤电节能减排升级与改造行动计划（2014－2020年）重点对现役机组进行改造升级，提升机组运行质量等。

2015年交通运输部出台了加快推进新能源汽车在交通运输上的运用的意见，同年环境保护部联合发改委和国家能源局印发了《全面实施燃

① 资料来源：《国务院关于印发能源发展"十二五"规划的通知》国发〔2013〕2号。

煤电厂超低排放和节能改造工作方案》，目的是调结构促减排。2016 年发改委印发了能源“十三五”发展规划，在规划中对能源消费总量，能源供给能力，能源消费结构和能源系统效率、能源环保低碳规定了硬性指标。发改委联合九部门印发了《关于加强资源环境生态红线管控的指导意见》，在设置的资源消耗上限中能源消耗排在第一位。发改委联合能源局和工业信息化部印发了推进“互联网 +”智慧能源发展的指导意见，能源互联网产业发展进入探索模式。2017 年发改委联合七部门印发了加快浅层地热能开发利用，促进北方采暖地区燃煤减量替代的通知，同时对秸秆气化清洁能源利用工程做出了指导。2018 年农业部出台了农业能源综合建设管理办法。信息化部出台了《智能光伏产业发展行动计划（2018 -2020 年）》。发改委对加强核电运行安全管理给出了指导意见，核电生产进一步优化了能源结构。发改委等部门在清洁能源消纳行动计划（2018 -2020 年）对风电、光伏发电、水能发电以及核能发电利用率给出了具体指标。

2021 年国务院印发了 2030 年前碳达峰行动方案，方案中目标是到 2025 年，非化石能源消费比重在 20% 左右，单位 GDP 能源消耗要比 2020 年下降 13. 5%，单位 GDP 二氧化碳排放比 2020 年下降 18%，为实现碳达峰奠定坚实基础①。2021 年住房和城乡建设部联合十五部门印发了加强县城绿色低碳建设的意见。2022 年中共中央、国务院发布了《关于完整准确全面贯彻新发展理念做好碳达峰碳中和工作的意见》，发改委完善了能源绿色低碳转型体制机制。发改委发布了“十四五”现代能源体系规划，主要围绕能源低碳转型目标开展。另外，国家能源局自成立起每年都会就能源工作提出指导意见。

① 资料来源：《国务院关于印发 2030 年前碳达峰行动方案的通知》国发〔2021〕23 号。

8.1.3 低碳经济视角下河南能源结构转型的政策落实与演进

2006 年河南省政府印发了河南省"十一五"能源发展规划，根据河南资源禀赋提出了河南能源发展的思路，其中就提到了建设农村绿色能源体系。2007 年河南省发改委对省市各单位能耗指标提出了具体计划通知，全省单位生产总值能耗比 2005 年降低 20%[①]。2009 年成立了河南省能源规划建设局。

2012 年河南省政府印发了"十二五"能源规划，主要的原则就是优化结构，节能降耗，低碳转型发展，最大限度减少碳排放；同时印发了"十二五"节能减排综合性工作方案强调要优化能源消费结构，合理控制能源消费总量，加快低碳节能重点项目建设；同时印发了"十二五"合理控制能源消费总量工作方案，优化调整供能结构，推广节能技术。河南省 2012 年还印发了能源中长期发展规划（2012－2030 年），从能源布局上向天然气、生物质能、核能加大投入力度，重视农村能源建设。

2017 年的河南省"十三五"能源规划上肯定了"十二五"能源发展过程中能源结构调整效果显著，并提出"十二五"期间清洁低碳，绿色发展优化调整能源结构的原则，加快建设清洁低碳、安全高效的现代能源支撑体系。2017 年河南省还印发了推进能源业转型发展的方案。河南省政府 2021 年印发了加快绿色低碳循环发展经济体系实施意见，全过程全方位推行绿色低碳经济确保实现碳达峰、碳中和的目标。

2022 年河南省政府印发了"十四五"现代能源体系和碳达峰碳中和规划，强调了河南省能源结构升级优化在"十三五"期间的贡献，提出了河南省到 2025 年能源低碳转型取得显著成效的目标。

---

① 资料来源：《河南省人民政府办公厅转发省发展改革委十一五期间各省辖市单位生产总值能源消耗降低指标计划的通知》豫政办〔2007〕11 号。

8.2 河南经济低碳发展的能源结构转型状况

8.2.1 低碳经济背景下河南能源消费结构转型状况

低碳经济是指在可持续发展理念指导下，通过技术创新、制度创新、产业转型、新能源开发等多种手段，尽可能地减少煤炭、石油等高碳能源消耗，减少温室气体排放，达到经济社会发展与生态环境保护双赢的一种经济发展形态。低碳经济一词最早出现在政府文件中是 2003 年英国能源白皮书《我们能源的未来：创建低碳经济》。英国意识到了能源安全的问题，同时还有气候变化的威胁，他目前的能源供应从自给自足开始主要依靠进口，应对能源安全以及气候变化迫在眉睫。2003 ~ 2021 年河南省能源消费结构和单位生产总值能耗，如表 8 – 1 所示。

表 8 – 1　　2003 ~ 2021 年河南省能源消费结构和单位生产总值能耗

年份	能源消费总量（万吨标准煤）	单位产值能耗（吨标准煤/万元）	煤炭占比（%）	石油占比（%）	天然气占比（%）	一次电力及其他能源占比（%）
2003	10595	1.5261	86.7	9.4	1.9	2.0
2004	13074	1.5544	86.6	9.2	2.0	2.2
2005	14625	1.4277	87.2	8.7	2.2	1.9
2006	16234	1.3553	87.4	8.0	2.5	2.1
2007	17838	1.2033	87.7	7.9	2.5	1.9
2008	18976	1.0699	87.2	8.0	2.6	2.2
2009	19751	1.0297	87.0	7.9	2.8	2.3
2010	18964	0.8371	82.8	9.3	3.4	4.5
2011	20462	0.7775	81.6	10.4	3.6	4.4

续表

年份	能源消费总量（万吨标准煤）	单位产值能耗（吨标准煤/万元）	煤炭占比（%）	石油占比（%）	天然气占比（%）	一次电力及其他能源占比（%）
2012	20920	0.7223	80.0	11.5	4.7	3.8
2013	21909	0.6926	77.2	12.9	4.8	5.2
2014	22890	0.6620	77.7	12.6	4.5	5.3
2015	22343	0.6025	76.4	13.3	5.2	5.1
2016	22323	0.5546	75.4	14.3	5.2	5.0
2017	22162	0.4944	71.6	14.6	5.8	8.0
2018	22659	0.4538	69.9	15.3	5.8	9.0
2019	22300	0.4151	67.4	15.7	6.1	10.7
2020	22752	0.4137	67.6	15.3	5.9	11.2
2021	23501	0.3991	63.3	15.7	6.4	14.6

资料来源：河南省统计年鉴及计算得出。

由表8－1可知，样本期间河南省能源消费总量呈上升趋势，2015年之前上升速度较快，之后上升速度逐渐平稳。但河南省单位生产总值能耗却在逐年下降，2010年以前下降速度比较快，之后下降速度有所减缓。2003年河南省单位生产总值能耗为1.5261吨/万元，到了2010年单位生产总值能耗首次进入1吨/万元以下为0.8371吨/万元，下降了45.15%。2021年河南省单位生产总值能耗进一步下降至0.3991吨/万元，比之2010年又下降了52.32%。河南省煤炭占能源消费比重呈下降趋势，但目前仍处于高位为63.3%。河南省2009年成立了能源局推进节能减排，2010年以后河南省煤炭占能源消费比重才进入了快速下降通道。石油占能源消费比重从2003～2009年有下降趋势，2010年以后又呈上升趋势。天然气在能源消费中的比重一直呈上升趋势，在能源结构转型期间天然气作为低碳能源的重要作用开始被逐渐重视。一次电力及其他能源占能源消费的比重近五年大幅上升，2021年达到了14.6%，仅次于石油占能源消费的比重15.7%。

8.2.2 低碳经济背景下河南能源生产结构转型状况

《河南能源发展报告（2023）》指出，河南低碳发展以碳达峰、碳中和目标为要求，严格控制高能耗高污染项目扩张的同时大力推动新能源项目高速发展，大力推动能源绿色低碳转型发展。根据河南省统计年鉴数据，2003～2021 年河南省一次能源生产量及其构成，如图 8－1 所示。

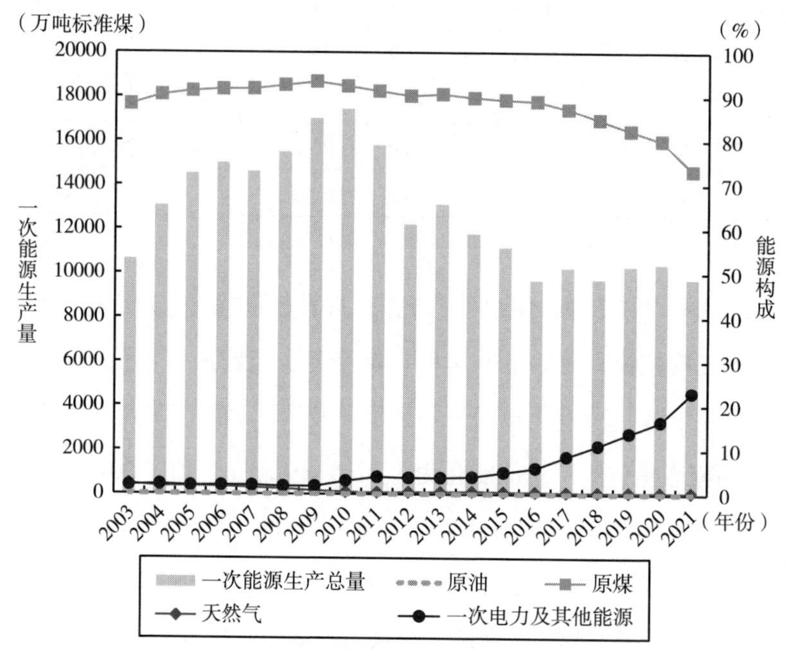

图 8－1 2003～2021 年河南省一次能源生产量及其构成

资料来源：2022 年河南统计年鉴。

由图 8－1 可知，河南省一次能源生产量从 2014 年开始进入下滑通道，在能源生产结构中主要以煤炭为主，比重在逐年下降；原油和天然气生产量逐年下降，在 2017 年左右趋于平稳；河南省一次电力及其他能源占比在稳步上升，从 2016 年开始上升速度明显加快，到 2021 年河南省一次电力及其他能源占比达到 23%，实现质的突破。由此我们可以看出河南省能源生产在统筹保供和结构转型的同时，持续推进了能源绿色低碳发展。

8.3 河南经济低碳发展的能源结构转型中存在的问题

8.3.1 能源生产和消费结构仍以煤炭为主石油为辅

1. 能源生产和消费结构仍以煤炭为主

从能源生产结构看，根据图 8 –1 可知，2013 年以前河南省能源生产总量中煤炭占比都在 90% 以上，到了 2020 年煤炭占比才降到了 80%，2021 年进一步下降到了 73.2%。而 2003 ~2021 年全国能源生产结构中煤炭占比，如表 8 –2 所示。

表 8 –2　2003 ~2021 年全国能源生产结构　单位：%

年份	2003	2004	2005	2006	2007	2008	2009	2010	2011	2012
煤炭占能源生产比重	75.7	76.7	77.4	77.5	77.8	76.8	76.8	76.2	77.8	76.2
年份	2013	2014	2015	2016	2017	2018	2019	2020	2021	
煤炭占能源生产比重	75.4	73.5	72.2	69.8	69.6	69.2	68.5	67.5	67.0	

资料来源：2022 年中国统计年鉴。

由表 8 –2 可知，2003 年全国能源生产结构中煤炭生产占比已经降到了 75.7%，而河南省 2003 年煤炭在能源生产中的占比为 88.3%；2021 年河南省能源生产结构中煤炭占比下降到了 73.2%，而同期全国的煤炭占能源生产占比为 67.0%。这说明长期以来河南省煤炭在能源生产结构中的比重一直都远远高于全国平均水平。

从能源消费结构上看，根据表 8 –1 可知，河南省煤炭占能源消费比重2003年为86.7%，2013年降到了80%以下为77.2%，2021年进一步降到了63.3%，总体来看呈下降趋势。而2003~2021年全国能源消费结构中煤炭占比，如表8-3所示。

表8-3　2003~2021年全国能源消费结构　单位：%

年份	2003	2004	2005	2006	2007	2008	2009	2010	2011	2012
煤炭占能源消费比重	70.2	70.2	72.4	72.4	72.5	71.5	71.6	69.2	70.2	68.5
年份	2013	2014	2015	2016	2017	2018	2019	2020	2021	
煤炭占能源消费比重	67.4	65.8	63.8	62.2	60.6	59.0	57.7	56.9	56.0	

资料来源：2022年中国统计年鉴。

由表8-3可知，全国2010年煤炭资源占能源消费比重是69.2%，2018年煤炭消费占比为59.0%，到了2021年下降到了56.0%。而河南省2010年、2018年和2021年的煤炭消费占比分别为82.8%、69.9%和63.3%，同期均远远高于全国平均水平。

众所周知，煤炭是三大化石能源中碳排放系数最高的，加之其在能源生产消费中所占的比重很大，从而使其成为全球碳排放的最大贡献者，是产生温室效应的“元凶”。但鉴于河南省煤炭资源在能源结构中仍占主要比重，为实现经济低碳发展，煤炭清洁高效利用迫在眉睫。2022年两会期间，习近平总书记也作出了指示，富煤贫油少气是我们国家现阶段的国情，以煤为主的能源结构未来在短期内是难以从根本上改变的，因此我们实现“双碳”目标，必须立足于国情。由此可见，煤炭生产消费中存在的问题是关系我们“双碳”目标实现的主要问题。

2. 煤炭利用中存在的问题

（1）开采效率低，破坏生态环境。我国煤炭在开采过程中，没有科学有效的勘察规划设计，很多煤矿主要追求的是煤炭的产量，开采过程中也主要使用人工开采，开采技术落后，效率低下。煤矿开采过后矿区土地会裂缝沉陷，严重破坏了当地土地质量，植被也遭到了破坏，而且开采过程中大量的煤粉会进入到地下水中，会造成水资源的污染。污水排放到下游还会破坏生态，而且矿井中产生的甲烷和一氧化碳直接排放到空气中也会污染空气。

（2）原煤的入选率不高。根据2021年中国煤炭洗选市场调研与市场投资战略报告，2016年我国原煤入选量为23.5亿吨，原煤入选率为68.9%；到了2020年原煤入选率提高到了74.7%，但2021年又突然下降到71.7%。虽然随着低碳经济发展，政府越来越重视煤炭洗选行业的发展，我国煤炭入选率总体上看呈上升趋势。但与西方发达国家原煤入选率平均超过90%相比，我国的原煤入选率还有很大差距。

（3）煤矸石和煤泥利用率比较低。洗煤通常是在洗煤厂完成的，洗煤厂洗煤后产生大量的煤矸石和煤泥，但我国目前煤矸石和煤泥缺乏大规模工业化应用。我国目前煤矸石的利用方式主要是直接燃烧进行发电或者当建材产品加以燃烧进行利用，但是这严重不符合低碳发展目标。而且利用煤矸石生产建筑产品过程中由于技术的原因，以及消费的地方距离比较远，超出了运输的积极半径，产品消费利用未实现市场化。同时，煤矸石和煤泥的另外一条利用渠道是直接在井下填充，但是由于技术、成本等原因并没有达到很大规模。因此，总体来看我国煤矸石和煤泥这些固体废弃物处理问题亟待解决。

（4）煤炭利用多数是直接燃烧，煤电技术需要加强。我国煤炭消费的形式大多是直接燃烧，超过一半的煤炭用于燃煤发电，煤炭的直接燃烧对于环境产生的煤烟型污染比较严重。对于同一种煤（煤种从褐煤到无烟煤，含碳量60%~98%，假定完全燃烧），用于火电时煤中的碳全部转化为二氧化碳。中高灰、中高硫煤直接用于发电和分散燃烧比例大，导致终端用煤质量较低，灰分、硫分等指标难以符合燃煤设备要求，造成终端利用污染物处理难度大、污染较为严重。富油低变质烟煤直接利用未充分体现资源价值，我国低变质烟煤挥发分高、含油率高，目前低阶煤主要直接用于发电和化工转化，浪费了其中高附加值的油气资源。

（5）煤化工技术落后。煤炭用于煤化工时，煤中的碳部分被固定在产品中，部分转化为二氧化碳排放。根据不同的产品和工艺路线，煤化工二氧化碳排放可比火电降低30%~70%。此外，火电排放的二氧化碳浓度低（小于20%）、废气量大，二氧化碳的捕集与封存（CCS）难度大、成本过高。相比之下，煤化工排放的二氧化碳浓度可达到87%~99%，捕集与封存的优势十分显著①。但目前河南省，乃至全国的煤化工技术仍然比较落后，导致煤化工用煤量所占比重一直较低。

3. 石油利用中存在的问题

石油与煤炭一样是一种高碳能源，石油主要被用来作为燃油和汽油，在使用过程中产生大量的二氧化碳，同样会使得大气中温室气体浓度逐渐增加、导致全球气候变暖。虽然目前我国的二氧化碳排放大部分是由于煤炭燃烧造成的，但是交通运输等行业以石油为主要能源消耗导致石油消耗持续增加，也造成了我国二氧化碳减排压力。从2003~2021年我国汽车生产和销售来看近几年汽车行业对低碳经济带来的压力，如表8-4所示。

表8-4　2003~2021年我国汽车生产和销售量　单位：万辆

年份	产量	销量	年份	产量	销量	年份	产量	销量
2003	444.37	439.08	2006	727.97	721.6	2009	1379.1	1364.48
2004	507.05	570.77	2007	888.24	879.15	2010	1826.47	1806.19
2005	570.77	757.82	2008	934.51	938.05	2011	1841.89	1850.51

① 资料来源：周学双．权威观点——从环保角度对我国煤资源与现代煤化工发展的再认识［J］．煤炭加工与综合利用．2015（4）：1-5.

续表

年份	产量	销量	年份	产量	销量	年份	产量	销量
2012	1927. 18	1930. 64	2016	2811. 88	2802. 82	2020	2522. 5	2531. 1
2013	2211. 68	2198. 41	2017	2901. 5	2887. 9	2021	2608. 2	2627. 5
2014	2372. 29	2349. 19	2018	2780. 8	2808. 1			
2015	2450. 33	2459. 76	2019	2572. 1	2576. 9			

资料来源：中国汽车工业协会。

由表8－4可知，我国汽车销量2017年以前每年都在持续增加，2017年以后开始有所下降，从2003～2021年汽车销量增加了498. 4%。也就是说单从销量数据上看我国汽车消费带动的石油消费可能上升了将近5倍。随着消费水平的不断提高，人们出行对于汽车的依赖性越强，使用车的频率也会不断提高，因此汽车消费带来的碳排放的压力仍然比较大。2003～2021年河南省民用汽车和私人汽车数量，如表8－5所示。

表8－5　2003～2021年河南省民用汽车以及私人汽车拥有量　单位：万辆

年份	民用汽车拥有量	私人汽车拥有量	年份	民用汽车拥有量	私人汽车拥有量
2003	119. 75	57. 20	2013	746. 90	628. 22
2004	130. 97	64. 10	2014	896. 02	774. 37
2005	206. 01	132. 16	2015	1342. 13	866. 76
2006	252. 94	169. 91	2016	1481. 66	1010. 01
2007	292. 69	209. 22	2017	1286. 02	1166. 82
2008	338. 44	248. 77	2018	1459. 24	1327. 36
2009	404. 53	305. 49	2019	1620. 6	1480. 08
2010	484. 89	377. 32	2020	1759. 17	1609. 65
2011	582. 14	463. 08	2021	1890. 61	1736. 96
2012	645. 92	529. 67			

资料来源：2022年河南统计年鉴。

由表8－5可知，河南省民用汽车拥有量和私人汽车拥有量，也分别从2003年的119. 75万辆和57. 20万辆增加到了2021年的1890. 61万辆和1736. 96万辆，分别增长了15. 37倍和29. 37倍。这说明河南省作为人口大省，汽车拥有量增速远高于全国平均水平，其石油消耗所带来的减排压力也要远远高于全国。

大力发展新能源汽车可以降低汽车消耗石油所带来的碳减排压力，这也是近年来全国和河南省各大城市着力推行的措施。中国汽车工业协会统计数据显示，我国2012年新能源汽车销量仅为12791辆，到2021年新能源汽车销量跃升至352.1万辆，10年时间增长了274.27%。但是我国新能源汽车所占汽车销量的比重依然比较小，2020年仅占到5.4%，2021年取得了较大的进步占到了13.4%。从河南省新能源汽车发展报告中了解到，河南省2021年新能源汽车实现产销6.6万辆和6.6万辆，仅仅占到全省汽车产销总量的11.7%和11.6%，仍然低于全国平均水平。

8.3.2 一次电力及其他能源占能源总量比重仍较低

一次电力是1998年由发改委能源研究所的中国中长期能源战略课题中提出来，一次电力是指计入一次能源的电力，主要是指风电、水电、核电以及太阳能发电所发出的电力。其他能源主要包括地热能、核能、太阳能、水能、风能、潮汐能和生物能等。2003～2021年河南省及全国一次电力及其他能源占能源总量比重，如图8－2所示。

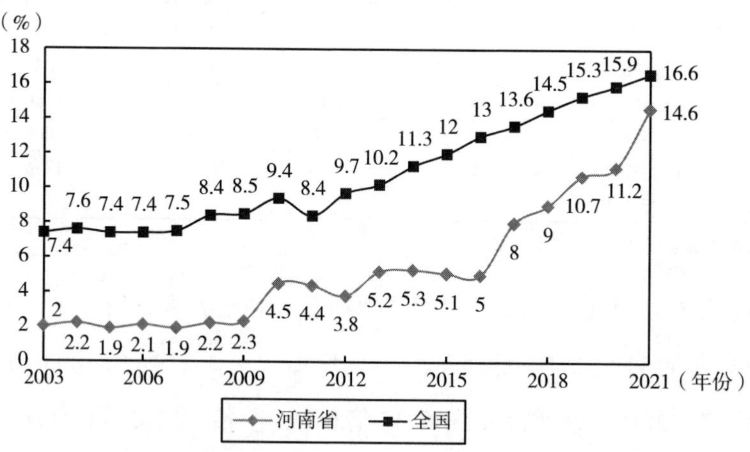

图8－2 河南及全国一次电力及其他能源占能源总量比重

资料来源：2022年河南统计年鉴。

由图 8－2 可知，河南省一次电力及其他能源占能源总量比重在逐年上升，但仍然远远低于全国水平。2003 年河南省一次电力及其他能源占能源总量比重只有 2%，而全国平均为 7.4%，河南省一次电力及其他能源占能源总量比重低于全国水平 5.4 个百分点。2016 年差距达到了 6.9%，2017 年差距甚至拉到了 8%，但之后差距在逐渐缩小。截至 2021 年，一次电力及其他能源占能源比重河南省与全国的差距仅有 2%。但河南省一次电力及其他能源占能源总量比重仍然较低，2021 年虽然上升到 14.6%，但仍然低于同期石油占能源消费的比重 15.7%。

8.3.3 能源利用效率仍然比较低

1. 单位生产总值能耗较高

2003～2021 年河南省和全国单位 GDP 能耗，如图 8－3 所示。由图 8－3 可以看出，河南省单位生产总值能源消耗量在不断减少，并且从 2013 年开始已逐渐低于全国同期水平。但长期以来，我国的单位 GDP 能耗都远远高于其他发达国家。根据世界银行世界发展指标数据库数据，我国目前单位 GDP 能耗仍是世界平均水平的 1.4 倍，发达国家的 2.1 倍，我国

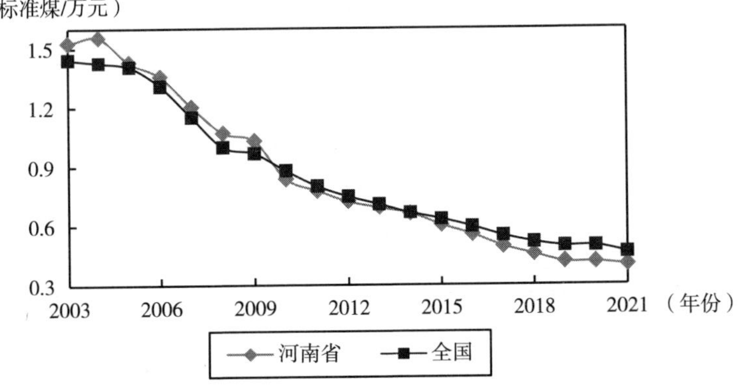

图 8－3　河南省及全国单位 GDP 能耗

的能源利用效率仍待进一步提升。由此可见，河南省乃至全国的能源利用效率均比较低。

当今世界各国都非常重视能源的有效利用，并在不断的探索提高其有效利用率。当今世界日本的能源有效利用率是世界上最高的达到了57%，其他国家如美国达到了51%，欧洲共同体国家基本达到了40%以上，但是我国目前能源率利用率只有30%，相比较之下差距仍比较大①。

2. 能源消费弹性系数不稳定

能源消费弹性系数是能源消费增长率与国民经济增长率的比值，系数越小表明经济增长过程中能源的利用效率越高，同时也反映了经济增长对能源的依赖程度越低。随着工业化、城镇化进程加快和消费结构升级，河南省能源消费总量迅速增长，但增幅逐年趋缓。能源消费增速的快速回落，使全省以较低的能源消费增长支撑了中高速经济增长，能源消费弹性系数明显降低。2003~2021年河南省能源消费弹性系数和电力消费弹性系数，如表8-6所示。

表8-6 河南省能源消费弹性系数和电力消费弹性系数

年份	能源消费弹性系数	电力消费弹性系数	年份	能源消费弹性系数	电力消费弹性系数	年份	能源消费弹性系数	电力消费弹性系数
2003	1.62	1.26	2010	0.69	1.06	2017	—	0.76
2004	1.83	1.74	2011	0.66	1.08	2018	0.29	1.04
2005	0.83	0.53	2012	0.22	0.33	2019	—	—
2006	0.76	0.73	2013	0.52	0.61	2020	1.82	0.73
2007	0.68	1.47	2014	0.51	0.08	2021	0.52	1.19
2008	0.53	1.00	2015	0.14	—			
2009	0.37	0.51	2016	—	0.46			

注：—表示数据缺失。

资料来源：河南统计年鉴。

① 黄汉江．投资大辞典［M］．上海：上海社会科学院出版社，1990.

由表8－6可知，河南省能源消费弹性系数从2005年开始逐渐下降到了1以下，一直下降到2009年的0.37；但之后又反复出现了数次的上升和下降趋势，直到2020年又上升到了1.82。同样，电力消费弹性系数也存在类似问题，忽高忽低极不稳定。河南省电力消费弹性系数从2005年开始逐渐下降到了0.53，但在2007年时又回到了1.47，之后逐渐下降到2014年的0.08，但到2018年又上升到了1.04，2021年达到了1.19。

3. 能源加工转换效率比较低

能源加工转换效率指的是一定时期内能源经过加工、转换后，产出的其他各种能源产品的数量与同期内投入加工转换的各种能源数量的比率。2003～2021年河南省和全国的能源加工转换效率，如表8－7所示。

表8－7　河南省和全国能源加工转换效率　单位：%

年份	河南省能源加工转换效率				全国的能源加工转换效率			
	总效率	发电及供热	炼焦	炼油	总效率	发电及供热	炼焦	炼油
2003	58.34	34.34	97.90	97.90	69.4	38.5	96.1	96.4
2004	58.36	33.45	94.38	94.38	70.6	38.6	97.1	96.5
2005	60.97	34.18	96.81	96.81	71.1	39.0	97.1	96.9
2006	64.94	36.1	99.08	99.08	70.9	39.1	97.0	96.9
2007	66.22	38.1	89.43	99.67	71.2	39.8	97.5	97.2
2008	65.96	39.49	91.89	95.43	71.5	40.5	98.5	96.2
2009	70.15	39.62	91.97	99.16	72.4	41.2	98.0	96.7
2010	72.64	40.85	93.24	87.14	72.5	42.0	96.4	97.0
2011	73.74	41.96	91.22	97.01	72.2	42.1	96.3	97.4
2012	72.24	41.99	91.62	97.66	72.7	42.8	95.7	97.1
2013	73.09	42.61	97.4	96.25	73.0	43.1	95.6	97.7
2014	74.3	43.51	96.33	97.88	73.1	43.5	93.7	97.5
2015	73.46	43.84	94.32	98.18	73.4	44.2	92.1	96.9
2016	75.03	44.6	94.11	98.92	73.5	44.6	92.8	96.4
2017	73.79	44.94	93.9	98.8	73.0	45.0	92.8	96.0

续表

年份	河南省能源加工转换效率				全国的能源加工转换效率			
	总效率	发电及供热	炼焦	炼油	总效率	发电及供热	炼焦	炼油
2018	68.95	45.58	94.62	98.62	72.8	45.5	92.4	95.6
2019	69.75	46.33	95.77	98.55	73.3	45.8	92.6	95.3
2020	69.59	46.78	95.74	98.41	73.7	46.2	93.1	95.3
2021	70.06	47.68	95.64	98.46	—	—	—	—

注：—表示缺失数据。

资料来源：中国及河南统计年鉴。

由表8-7可知，河南省能源转换效率的总效率总体上看低于全国同期水平，河南省能源转换总效率从2003年的58.34%上升到2020年的69.59%，而全国能源转换总效率从2003年69.4%上升到2020年的73.7%。河南省发电及供热的能源加工转换效率与全国相比，2015年以前低于全国水平，之后要稍微高出全国水平。虽然河南省发电及供热的能源加工转换效率从2003年的34.34%上升到了2021年的47.68%，但与炼焦、炼油和总效率相比还是很低的。炼焦、炼油的能源加工转换效率，无论是河南省还是全国水平，整体上看均比较高。

8.4 河南经济低碳发展的能源结构转型建议

8.4.1 煤炭清洁高效利用

1. 建立健全煤炭行业法规和规范标准促进洗煤行业发展

建立健全煤炭行业法规，切实提高电厂、化肥厂、水泥厂等高耗煤行业企业的选煤用煤标准，严格要求此类企业使用洗煤后的高质量商品煤。同时出台煤炭采煤采选标准和条例，洗煤的标准以及固体废弃物处理办法。另外，劣质炼焦煤的梯级运用也是煤炭清洁生产的关键方式。

2. 煤炭清洁燃烧

运用集中供热、热电联供等技术促进煤炭燃烧结构的优化，让煤炭的清洁燃烧技术得到更加有效的发展。例如，通过煤炭洗选后的高质量煤发电提高其经济性和环保性，低质量的煤炭重点选用粉煤发电和循环流化床发电，降低燃煤中二氧化碳的排放。

在燃煤工业锅炉方面，要加快淘汰落后的燃煤工业锅炉，将其替换成集中供热或者天然气锅炉，这样一来能够起到很好的节能环保作用，降低二氧化碳的排放量。选用经济性更好的先进锅炉技术，不仅能够节能环保同时还能提升经济效益。例如，将煤粉锅炉替换成 10 吨/小时燃煤量的链条炉，效率就能达到 90% 以上，节能率达到 28%；每年还可以节省 20 万元的成本，减少二氧化碳的同时也减少烟尘及二氧化硫的排放。

在民用散煤方面，首先在城市通过使用优质动力煤、天然气或者太阳能来进行供暖，替代以往的燃煤供暖将大大提升节能减排的效果。例如，在我国北方寒冷时间比较长，如果将每家每户的燃煤取暖消耗都替换为优质动力燃煤，就能够节省近一半的煤炭，这将大大减少二氧化碳的排放。如果天然气储量允许的话，也可以鼓励居民使用天然气代替燃煤取暖。根据河南省不同地区的能源条件与资源状况采取合理的取暖燃料代替方式。

3. 促进煤炭深加工技术发展

一方面结合河南省不同的煤炭种类及煤炭质量选择与之相应的煤炭转化技术，同时加强高附加值产品的开发，从而大大提高河南省煤炭转化的经济及环境效益。煤制油、煤制天然气、煤制烯烃、煤制乙二醇等煤炭深加工技术是河南省乃至我国煤炭清洁高效利用的新方向。煤炭深化工产业要从以前的要素规模向质量规模转变，通过技术驱动其高质量发展。未来河南省一是要集中开发更加经济高效煤气化新技术，例如，重点开发 8.7 兆帕单炉投煤量 3000 吨/天的水煤浆气化技术、4.0 兆帕单炉投煤量 3000 吨/天的干煤粉气化技术、1500 吨/天的固定床固态排渣气化技术、1000 吨/天的固定床连续液态气化技术等；二是要积极开发煤制高能液体燃料和清洁液体燃料，有效完成相关的高端化学品工程示范，优化传统工艺系统，进一步推进煤制清洁液体燃料的高端化；三是要大力发展煤制天然气，拥有一系列自主知识产权技术；四是要积极有序的发展煤制烯烃，积极发展煤制芳烃，能够实现乙二醇产品质量稳定和商业化稳定运行；五是要进一步加大研究开发煤制氢气，氢气车目前已经开始逐渐进入大众视野，未来将得到长足发展，因此研究煤制氢气及其纯化技术，同时研发其存储和运输材料和设备以期实现氢气的规模化应用，为以后氢气进入市场提供强有力的支撑；六是要研究开发煤制碳纤维，满足产业市场以及国家重点工程的需要。

另一方面进行焦炉煤气热量回收利用。传统煤气冷却过程中能量的损耗和水的损耗都比较大，同时会相应产生一定量的废水甚至是污水。目前国家研发了一种焦炉煤气热量回收利用技术，该种技术的工艺流程非常简短，经济投资相对也比较小；回收后的热量还可以在本厂区就地利用，如果利用不完还可以发电外供出去。该种技术实现水耗、能耗节约的同时还实现了清洁生产。

4. 大力开展煤基多联产，促进煤炭、新能源等行业的跨界结合

煤基多联产是以煤气化、煤热解为基础，利用组合资源的优势促进电力化工等的合作生产，从而得到高附加值的化工产品。这种生产方式在技术经济及生态环境中的应用有着十分突出的优点，与碳捕获封存技

术有机结合，能够有效实现二氧化碳零排放。煤基多联产与石化行业结合形成互补，与生物质、风能、太阳能等协同运用，可以达成共享资源及互换副产品的效果。

8.4.2 加快 CCUS 技术的研发和应用

1. CCUS 的概念及应用场景

碳捕集、利用与封存技术（carbon capture，utilization and storage，CCUS）是指将二氧化碳从化石能源使用、工业生产过程或者空气中分割出来直接利用或者注入地层阻止其上升到大气中以期实现二氧化碳永久减排的技术过程。

按照技术流程，CCUS 主要分为碳捕集、碳运输、碳利用、碳封存四个环节。其中，碳捕集主要方式包括燃烧前的捕集、燃烧后的捕集以及富氧燃烧等；碳运输是将捕集到的二氧化碳通过特殊管道和船舶等一些方式运输到达指定的地点；碳利用指的是通过工程类技术手段将捕集的二氧化碳实现资源化利用的过程，资源化利用的方法主要包括矿物碳化、化学利用、物理利用以及生物利用等；碳封存是通过一定技术手段将捕集的二氧化碳注入地底或者海洋直到深部地质储层，使得二氧化碳能够与大气长期隔绝，因此封存方式主要包括地质封存和海洋封存。

现阶段河南省乃至全国因为资源禀赋的问题经济发展主要还是依靠化石能源，在这种情况下推广 CCUS 就显得尤其重要。CCUS 是我国实现 1.5 度温度控制目标的关键技术所在，而且 CCUS 技术还可以广泛应用于各行各业，特别是二氧化碳排放量占比比较大的电力行业以及减排较难的重工业部门。但是目前 CCUS 在技术方面还不是很成熟，产能也远远跟不上。例如，按照碳中和目标，到了 2050 年预计需要 CCUS 达到的二氧化碳的减排量约为 14 亿吨，但是目前的产能仅仅只有 100 万吨，因此要想实现碳中和的目标还要加快研发其大规模应用的技术手段。

2. CCUS 技术链条和实施成本分析

根据以上分析我们知道 CCUS 链条是从二氧化碳来源捕集、运输、利用和封存着这四个环节构成的。接下来我们从这四个环节分别分析其主要技术以及它的可行性，来探索 CCUS 技术如何降低成本和实现收益来推动 CCUS 技术的部署和发展。

碳排放源的二氧化碳浓度大小决定了要使用不同的捕集化学技术，主要包括高浓度点源技术和低浓度点源技术，而且随着二氧化碳浓度的增大，捕集成本也会随之降低。目前两种捕捉技术中高浓度点源技术比较成熟，低浓度点源技术尚不成熟。技术较为成熟的高浓度点源（烟气浓度高达 50%~90%）主要来自煤炭化工行业如乙醇加工、氨加工和天然气加工这些地方的碳排放，这种碳排放的捕集无须化学方法直接可以通过脱水和压缩设备就可以实现；技术尚不成熟的低浓度点源（烟气的浓度在 5%~15% 浓度），主要来自一些比较大型的减排难度较大的行业企业，例如，水泥厂和发电厂，在这些行业可以通过固体材料吸附剂、化学溶剂、膜分离三种捕集方法。这三种方法中使用化学溶剂捕集方法比较成熟，将捕捉到的二氧化碳使用、低温固体吸附剂再生、低温液体溶剂和高温碱性水溶液吸收再生这种技术尚不成熟。

捕集成本与二氧化碳排放源浓度成反比，浓度越高捕捉成本越低，浓度越低捕捉成本就越高。因此，高浓度点源由于成本比较低的原因，加上在激励政策的鼓励下目前已经具备经济可持续性；但是目前具备高浓度点源行业二氧化碳的排放量占比小于 5%。因此，对于低浓度点源还需要不断实现技术突破和政策激励促进其发展。

管道运输是目前二氧化碳运输最主要的选择。一直以来管道运输在一定距离内都是具备成本优势的。美国建设了占全球 85% 的二氧化碳运输管道，但是这个长度远远还不能够满足达到减排目标的运输要求，为了完成碳中和的目标到2050年至少还需要目前二氧化碳管道长度的大约100倍以上①。因此各个国家要对碳排放点源和封存点进行运筹规划，尽量减少各个地方的运输，实现完美的二氧化碳运输整体网络，形成规模经济。另外，船舶也是一种长距离运输比较经济的运输方式，铁路和公路也需要配合将之运输到最后一公里。目前技术要求所有的运输方式都必须将二氧化碳进行加压压缩，压缩为液态或者超临界流体二氧化碳然后再进行运输。

CCUS技术降低成本的关键在于利用技术合适。目前的技术主要为提高石油采收率技术、生物利用技术和化学利用技术，以及衍生出来的其他新技术。例如，在离岸海上油田利用二氧化碳直接合成淀粉等。生物利用技术是二氧化碳直接用于食品以及饮料的生产，此项技术要求二氧化碳终态浓度达到90%以上才可以，成本较高、需求较少；化学利用技术主要是指化工生产，例如，煤炭深加工或者有机碳酸盐生产过程中使用二氧化碳，他们对二氧化碳终态浓度的要求在40%左右，成本更低，未来潜力比较大，有进一步研发的必要②。

无法被利用的二氧化碳，则需要通过封存技术进行埋存。但是二氧化碳封存对企业来说没有经济利益，而且成本还比较高，因此需要政府出台激励措施来鼓励企业进行封存。封存的时候也不是就地封存，而是需要寻找地质条件适合封存且容量够大才可以。目前专家认为的可能的封存地点主要是利用已经枯竭的油田、气田进行封存，或者陆地上咸水层进行封存。中国北部和东部地区有容量比较大的枯竭油田和枯竭气田可以封存，预计封存总容量是CCUS总需求量的30%。利用这两个地方进行封存成本比较低，目前技术也比较成熟。

---

①② “中国加速迈向碳中和”之七：碳捕集利用与封存技术（CCUS）［EB/OL］. 搜狐网，2021－11－12.

3. CCUS 在中国的发展

中国目前投资布局的 CCUS 主要分为以下三种类型：具有经济和应用价值的 EOR（以二氧化碳驱动石油采收率）项目、“绿色煤电”项目和新兴技术试点工程项目。并且在中国已经实施的 30 个项目中，主要还是油气公司的二氧化碳驱动石油采收率项目。其中齐鲁石化胜利油田项目是目前我国首个百万吨级的 CCUS 项目，该项目建成以后齐鲁石化可以将自己捕集到的二氧化碳压缩后运输至胜利油田进行封存。绿色煤电试点项目目前主要是中国大型发电集团及其所属机构投资建设的，2021 年初国家能源集团国华锦界电厂规模为 15 万吨/年的碳捕集与封存的全流程示范项目建设成立，该项目建设后的目标是煤炭发电过程中实现二氧化碳和污染物的近零排放①。海螺集团芜湖白马山水泥厂规模为 5 万吨/年碳捕集利用技术项目将生产过程中产生的高浓度二氧化碳，应用于车床焊接、食品保鲜技术、消防用品干冰的生产、激光、医药等领域②。除此之外天津工业生物技术研究院近日也公布了以二氧化碳为原材料，可以不依赖植物的光合作用，直接人工合成淀粉的成功实验。因此，河南省也应该加快 CCUS 技术的研发与应用，以期逐步减少二氧化碳的排放量。

8.4.3 加快建立新能源体系

河南省是农业大省，更是粮食大省，每年都会产生巨量的粮食作物秸秆。同时，河南省还拥有牧原股份这样全国最大的生猪产业链基地和国内著名的双汇肉类加工基地，具备非常充足的生物质能源。河南省太阳能资源的分布也比较均衡，山区的风能发电也具备一定基础。另外，

---

① 国内最大碳捕集示范工程建成［N］. 中国化工报，2021－1－27.

② 金峰：海螺水泥窑烟气二氧化碳捕集纯化项目介绍［EB/OL］. 中国水泥网，2019－11－14.

河南省作为黄河的途经省份水资源相对比较丰富。因此，河南省可以顺应能源供给侧结构性改革发展的大趋势，重点发展生物质能源，进一步规划太阳能光伏产业，加强完善风电水电产业链，推进多种形式新能源规模化产业化发展，加快建立低碳高效能源支撑体系。

在河南全省范围内积极发展生物质资源收运，然后进行集中成型、气化、发电及供热等综合利用。同时，还需要突破先进生物质能源与化工技术，培育发展非粮生物质液体燃料多联产产品，探索开展纤维素乙醇生物炼制与产业示范。稳步发展生物质供气供热、生物液体燃料等，培育一批高附加值产品开发、高品质综合服务等特色骨干企业。

太阳能方面积极推进分布式光伏电站的建设，逐渐打造一套集“材料、组件、电场、应用”于一体的新型产业链。将信息技术和光伏产业进行深度融合，构建智慧化光伏产业生态体系，形成一系列的智能化光伏应用场景。

与甘肃、新疆和内蒙古相比，河南省的风速较小，因此要持续开发低风速发电机型。同时，还要加快开发快速响应的电力设备和大容量的储能装置，进一步推动风电机组与储能技术的有机融合发展。尽快布局一批风电应用产业基地，推动河南省区域用能结构的进一步优化。

8.4.4 科技创新促进能源结构转型

首先，要加强政策引领，大力支持新能源领域科技创新，积极引导各类主体参与绿色技术创新。当前我国重大能源科技创新产学研“散而不强”，重大技术攻关、成果转化、首台（套）依托工程机制、容错以及标准、检测、认证等公共服务机制尚需完善，推动能源科技创新的政策机制有待加强。

其次，加大对能源领域科技创新的资金保障。在重点生态环境科技创新领域的研究上，提供支持和资金上的倾斜，强化财税、金融等政策的供给，用以提升我国生态文明建设领域的综合实力。

再次，重点培养科技创新领域人才。当今世界，人才是第一资源，在科技进步日新月异，当前全球能源短缺的背景下，如何解决能源问题是国际社会所关注的重点，只有掌握人才方可在激烈的国内外竞争中赢得主动权。

最后，创新是引领发展的第一动力，能源结构的转型和新能源的发展离不开科技创新。坚持生态领域的科技创新，才能提高资源利用率，并最大限度地减轻对自然界的影响，从而科学、高效地完成生态文明建设，实现人与自然和谐共生，更好地实现可持续发展。

8.4.5 加强公共交通部署提升其便捷性和速度

我国近些年来汽车生产量和使用量都在不断提升，这也大大增加了石油和天然气等化石能源的使用。因此，一方面我们要不断加大新能源汽车的研发和投入，另一方面要加强公共交通部署提升其便捷性和速度。人们觉得乘坐公共交通不方便主要是因为等车很浪费时间，还有就是站点可能距离目的地距离较远。关于等车时间近年来随着互联网技术的发展，公共交通在其实时性上不断改进。在各大中小城市，你想知道你乘坐的公交车几点到达你所要乘坐的站点，完全可以下载百度地图、高德地图去搜该车辆，它会显示还有几站到达，到达时间等。在上海等大城市，这些功能甚至不需要你看手机，站台上也都会显示达到时间，这大大缩短了乘客的等待时间。对于经常开车的人来说无非觉得去何时何地都方便，可是随着停车难的问题出现，公共交通与开车相比可能更节省时间。另外，对于站点设置的问题就需要加强公共交通的部署了，要不断增加公交路线。香港的小街小巷都有公交，到处都是公交，当公交非常便于人们市内通行的时候，开车就没那么必要了。

8.4.6 扩大植树造林面积增加碳汇

我们都知道植物可以通过光合作用吸收大量的二氧化碳然后转化为氧气，还具有保护环境防止水土流失等一系列作用。林业生态效益的一个重要体现就是林业的碳汇功能。森林树木在每生产 1 吨干物质的时候能够吸收掉 1.63 吨二氧化碳，同时还可以释放出 1.19 吨氧气①。根据国家统计局环境统计资料及中国环境统计年鉴数据，河南省 2019 年的森林覆盖率仅为 25.42%，远低于同期全国平均水平；河南省森林蓄积量从 2003 年的 5258.5 万立方米上升到了 2019 年的 22800 万立方米，上升了 33.36 倍，产生了可观的森林碳汇。但河南省植树造林的速度仍低于工业化进度，因此还要继续扩大植树造林面积增加碳汇。

8.5 本章小结

本章主要分析了低碳背景下河南省能源结构调整变化。研究发现河南省目前能源结构中存在的主要问题是能源生产和消费结构仍以煤炭为主石油为辅、一次电力及其他能源占能源总量比重比较低、能源利用效率比较低。同时提出了河南省低碳经济发展的能源结构转型发展的建议：煤炭清洁高效利用、加快 CCUS 技术的研发和应用、加快建立新能源体系、科技创新促进能源结构转型、扩大植树造林面积、加强公共交通部署提升其便捷性和速度。

① 林业是维护生态安全、建设生态环境文明的主要力量［EB/OL］. 华东林业产权交易所网，2013-1-9.

第9章 09

河南经济低碳发展的绿色金融支持研究

党的二十大报告指出，推动经济社会发展绿色化、低碳化是实现高质量发展的关键环节①。近年来，随着习近平生态文明思想的贯彻落实，国家相继出台了一系列有效的支持政策，形成了金融持续推动经济绿色发展的新格局。大力发展绿色金融是助力经济社会绿色化、低碳化的重要举措，也是推动经济绿色转型、绿色低碳产业高质量发展的重要支撑力量。河南是人口大省、农业大省、工业大省、能源大省，是中国重要的经济区域之一。河南实施绿色低碳发展战略，有利于促进区域经济绿色、低碳、高质量发展，也有利于实现中国“3060”双碳目标的愿景。基于此，本章对河南经济低碳发展的绿色金融支持路径进行研究，以期充分发挥绿色金融点燃河南经济低碳发展“新引擎”。

---

① 习近平．高举中国特色社会主义伟大旗帜　为全面建设社会主义现代化国家而团结奋斗［M］．北京：人民出版社，2022.

9.1 绿色金融支持低碳经济发展的文献回顾

对目前已有的国内外相关文献进行梳理，大致可以分为绿色金融概念、低碳经济概念、低碳经济的影响因素、绿色金融推动低碳经济发展的路径这几个方面。

一是关于绿色金融概念的界定方面。绿色金融的概念出现于20世纪末，受各国绿色金融发展阶段的差异性影响，对绿色金融概念的界定也有所不同。2013年世界银行集团国际金融公司在G20圣彼得堡峰会上提交的报告中显示，绿色金融涵盖范围包含可再生能源、绿色建筑等多个方面。陈柳钦（2013）将绿色金融定义为在投融资中要注重生态环境保护和环境污染治理，注重环保产业的发展，实现经济效益与生态效益相统一。李晓西等（2015）指出绿色金融是为了促进经济、资源、环境协调发展而进行的金融活动。2016年，德国发展研究所认为绿色金融包括所有考虑到环境影响和增强环境可持续性的投资或贷款，且指出将环境筛查和风险评估纳入投资和贷款决策基础中是发展绿色金融的关键点。2016年，G20小组发布的《G20绿色金融综合报告》中指出绿色金融是能实现生态环境可持续发展的投融资活动。2016年，《关于构建绿色金融体系的指导意见》对绿色金融的定义是为支持环境改善、应对气候变化和资源节约高效利用的经济活动。宋和李（Song & Li，2021）认为绿色金融是指各主体在国家政策的支持下，为促进环保、节能等经济领域实现绿色发展而进行的投融资、风险管理等金融服务活动。吴朝霞和张思（2022）则认为绿色金融是指通过融资，合理利用生态资源，同时实现经济发展和环境保护的金融业务。尽管国际上对绿色金融概念的认知存在着差异，但核心都强调金融在实现经济与生态环境可持续发展中的作用。

二是关于低碳经济概念的界定方面。2003 年英国政府在《我们的能源未来——创造低碳经济》中首次提出了低碳经济的概念，即用更少的自然资源消耗和环境污染获得更多的经济产出，在推进技术应用的同时创造新的商机和更多的就业机会。付允等（2008）认为低碳经济是通过技术和制度创新，减缓全球气候变化，实现经济和社会的清洁发展和可持续发展。沙之杰（2011）认为低碳经济的突出特点是低能耗、低污染，且能在减少碳排放量的同时获得整个社会的最大产出。吴艳（2022）则认为低碳经济更侧重于技术创新与制度创新，是生活方式的根本变革。随着相关研究的不断深入，低碳经济成为由低碳能源、技术、产业等一系列新名词支撑而成的体系。尽管学术界对低碳经济概念界定有所不同，但核心都是实现低消耗、低排放、高产出的经济发展模式。

三是关于低碳经济的影响因素研究。孙敬水等（2011）对影响低碳经济的主要因素和贡献率进行了实证研究，认为单位能耗碳排放量、能源消费结构等对碳排放量有显著的正向影响。白姝伟（2013）基于因素分解法，根据河南省低碳经济发展的现状，得出产业结构、能耗强度、能源消费结构等是影响河南省低碳经济的关键因素。谢志祥等（2017）借助 Tobit 回归模型得出造成低碳经济发展绩效静态差异的主要原因是纯技术效率得分。石建屏等（2021）运用 LMDI 模型得出能源强度和经济增长是碳排放变化的最大驱动因素。张等（Zhang et al.，2022）使用分位数回归模型估计得出绿色金融、可再生能源投资和技术创新减少了环境中的二氧化碳排放；面板分位数回归结果显示，碳排放量因经济增长、能源消耗、贸易和外国直接投资等因素而增加。哈比巴等（Habiba et al.，2023）认为要实现脱碳，可再生能源和绿色技术可以发挥重要作用，从长远来看，可再生能源的使用和绿色技术的运用会降低碳排放。

四是关于绿色金融推动低碳经济发展的路径研究。周慧（2011）以产业结构和碳排放强度为中介变量，建立低碳发展金融服务的传导机制理论模型，并以26个主要省份的相关数据对产业低碳发展金融服务的传导路径进行了实证分析，得出产业结构是中国金融服务与低碳发展之间最为显著的传导路径。李凯（2017）认为通过政策制度、风险控制、监督问责等途径实现绿色金融支持低碳经济的持续有效发展。吴朝霞和张思（2022）认为绿色金融支持低碳经济发展的路径与低碳经济的发展过程相融合，且发生的效用具有阶段差异性，并进一步指出在低碳经济发展的进程中，绿色信贷、绿色债券和碳金融能够为低碳经济提供资金导向功能，绿色保险和绿色租赁能够为低碳经济提供有效的成本保障。杨颖（2022）认为绿色金融政策能够引导技术进步、促进节能降耗和产业结构调整，进而来影响区域经济低碳转型。郭希宇（2022）则认为绿色金融可为低碳产业提供资金支持、能够引导企业绿色化发展、能够披露绿色信息并监管企业低碳运营、能够分散低碳技术发展所产生的相应风险。迈塔瓦等（Metawa et al.，2022）认为，实现低碳经济的全球举措需要与在生产过程中使用清洁技术和金融部门的持续数字化相辅相成。张等（Zhang et al.，2023）认为绿色金融高质量发展和环境效率提高通过经济增长可以同时实现，并运用GMM模型考察了2008～2020年中国绿色金融投资与区域环境效率的影响因素，结果显示在全国层面绿色融资对能源结构调整具有正向影响。

综上所述，现有文献关于金融支持低碳经济的研究都是以国际或国内整体金融发展水平为研究对象，可以为本章探究河南经济低碳发展的绿色金融支持路径提供重要参考。但鉴于我国幅员辽阔，各省市之间的金融发展水平和低碳经济发展水平的地区差异性较明显，因此要想真正发挥绿色金融对河南经济低碳转型的效用，还需深入详细以河南的省情为基础，因地制宜地提出有针对性的发展策略。为此本章以河南省为例，立足实际，提出针对性的政策建议，充分发挥绿色金融对河南低碳经济发展的效用；同时，鉴于中部地区承担着承东启西、连南接北、加快我国区域间经济联系的重任，河南省在实践基础上，可在低碳经济发展中奋勇争先，发挥绿色金融的空间溢出效应，促进周边省域低碳经济的转型；此外，也可为其他区域提供经验借鉴。

9.2 河南绿色金融支持低碳经济发展现状

9.2.1 河南绿色金融发展现状

截至 2023 年 6 月，商业银行发放的绿色金融债券规模已达 2430 亿元，较去年同期增长 88.26%，绿色金融发展势头强劲[①]。河南省作为经济大省，在绿色金融领域也进行着机制方面的探索，河南省银保监局出台的《关于推进河南省银行业保险业绿色金融发展的指导意见》中明确提出了绿色金融的发展目标。此外，在推进绿色金融发展过程中，河南省积极落实党中央战略决策部署。一是在合作领域，河南省稳中有效地形成工作合力，协调对接政、银、企三方。二是在流域治理领域，金融机构对重要支流生态修复项目提供了综合性的信贷支持。三是在能源结构和产业结构领域，河南省立足本省能源结构偏煤、产业结构偏重的现状，积极推进能源结构和产业结构的优化升级。四是在乡村生态环境治理领域，河南省银保监局引导银行等金融机构对污水垃圾处理等基础设施建设，积极为农户提供更加便捷的金融服务，加大对乡村旅游和观光、休闲、生态农业的信贷支持力度。五是在绿色信贷服务领域，河南省银保监局积极创新绿色信贷产品，精准开展绿色信贷业务，不断提高产品开发能力和业务服务水平。2011～2020 年河南省绿色金融发展状况，如表 9－1 所示。

① 资料来源：Wind 数据库。

表 9-1　2011~2020 年河南省绿色金融发展状况　单位：%

年份	2011	2012	2013	2014	2015	2016	2017	2018	2019	2020
绿色信贷占比	61.73	59.31	65.19	64.79	63.47	58.08	65.58	69.07	75.68	71.49
高耗能产业利息支出占比	50.39	52.09	50.97	49.88	39.13	44.65	47.13	46.54	48.32	51.15
环保企业市值占比	4.70	6.80	6.87	9.53	13.00	11.22	7.82	5.92	5.64	5.77
高耗能行业市值占比	23.14	16.97	13.46	16.33	19.71	20.35	18.43	14.42	13.24	13.91
节能环保公共支出占比	2.25	2.19	2.00	2.00	2.62	2.63	3.90	3.50	2.60	2.20
治理环境污染投资占比	15.26	15.01	16.31	17.00	16.44	15.13	15.89	17.33	18.56	17.31
农业保险规模占比	2.70	3.86	5.94	4.63	5.21	7.95	10.32	10.23	10.79	8.29
农业保险赔偿率	47.58	34.09	47.69	58.49	47.60	53.69	67.20	61.06	69.33	52.39
绿色权益发展深度	29.05	26.52	29.27	32.16	38.05	28.47	34.01	35.96	34.76	37.80

资料来源：《中国统计年鉴》《中国保险数据库》《中经网统计数据库》。

由表 9-1 可以看出 2011~2020 年河南省环保项目信贷占比和高耗能产业利息支出占比位居前列，首先，这表明河南省在推动绿色金融发展领域利用相关金融政策对高耗能产业进行约束和限制，做到经济效益与生态效益相统一。其次，高耗能行业市值占比整体呈现下降的态势，由 2011 年的 23.14% 下降到 2020 年的 13.91%，这表明河南省近年来不断推进产业结构调整。再次，河南省绿色保险指标中的农业保险规模占比和农业保险赔偿率整体上呈上升的态势，说明河南省在绿色农业领域积极发挥绿色保险的金融支持力度，不断推进农业低碳转型。通过数据还可以看出河南省绿色权益发展深度也在不断加深，发展深度系数由 2011 年的 29.05% 上升至 2020 年的 37.80%，由此可以分析出河南省绿色权益的思想意识不断地被公众所接受，而且作为一种重要的资源在绿色金融交易过程中不断地实现绿色技术、绿色文化等方面的创新。

尽管河南省在绿色金融支持低碳经济的工作中取得一些显著的实践成果，但仍存在一些不足。如整体资产结构的绿色倾向不明显；绿色信贷的投放力度有待进一步加大；银行信贷的综合定价并未充分反映绿色行业低风险的特征；绿色原则进入银行信贷审批环节与设定的目标还有差距。此外，通过表 9-1 中环保企业市值占比的发展数据来看，河南省有待进一步鼓励发展环保企业，提高其市值占比。基于以上发展状况，推动绿色金融支持河南省低碳经济发展还需要全省做出进一步的努力。

9.2.2 河南低碳经济发展现状

河南省在实现“双碳”目标中面临着以下问题。一是全省碳排放强度较强，温室气体排放量过大，且在全国排名比较靠前。河南省低碳发展现状不容乐观，实现碳达峰、碳中和工作目标任重而道远。由表9－2可知，虽然2011～2020年河南省的碳生产率发展水平呈现的是不断上涨的趋势，对低碳经济发展是有利的；但河南省居民消费碳排放率较高，这表明河南省居民消费产生的碳排放量较大，对碳排放的贡献不容忽视，需要进一步从消费端为实现“双碳”目标努力。二是非化石能源消费占比偏低，在全国处于中等偏后水平，能源消费结构有待进一步优化。三是产业结构、能源利用效率、碳排放等方面与实现碳峰值目标的发达地区差距较大。

表9－2　2011～2020年河南省低碳经济相关指标发展水平

年份	2011	2012	2013	2014	2015	2016	2017	2018	2019	2020
碳生产率（万元/吨）	0.6540	0.7436	0.7631	0.8211	0.8240	0.9095	0.9867	0.6895	1.0947	1.0749
居民消费碳排放强度（吨/万元）	31.10	26.90	26.38	24.40	24.47	22.68	21.55	20.97	20.39	22.22

资料来源：河南统计年鉴。

在实现碳达峰、碳中和目标过程中，产业结构和能源结构问题也十分突出。一是河南省产业结构偏重的问题突出，工业低碳转型和率先达峰的难度较大，具体表现为河南省价值链低、碳排量高的电解铝等产品产量增速较快。二是高耗能行业能耗强度高，对工业产业率先实现达峰带来较大挑战。三是河南省能源消费结构主要以煤炭为主，这不仅加大了节能减排压力，而且也导致了低碳经济发展的保障力度不足。

9.3 河南经济低碳发展与绿色金融的相关分析

9.3.1 指标体系构建

通过参考相关文献的变量选取情况，并基于数据的可得性，本章选择2011～2020年的样本数据做分析，数据来源主要包括《中国统计年鉴》《河南统计年鉴》《中国保险数据库》《万得数据库》《国泰安数据库》《中经网统计数据库》以及河南省统计局官方公布的数据。本章构建的河南省低碳经济发展指标的二级指标共有2个，三级指标有2个，其中包含1个负向指标、1个正向指标。构建的河南省绿色金融评价指标体系的二级指标有5个，三级指标有9个，其中包含1个负向指标、8个正向指标。则河南省低碳经济发展和绿色金融发展的评价指标体系，如表9－3所示。

表9－3　河南低碳经济发展和绿色金融发展评价指标体系

指标名称		指标构成	指标衡量方法	指标属性
低碳经济发展指标（Y）	低碳产出指标（Y_1）	碳生产率（Y_1）	GDP/碳排放量	正向指标
	低碳消费指标（Y_2）	居民消费碳排放强度（Y_2）	碳排放量/居民消费支出	负向指标
绿色金融发展指标（X）	绿色信贷（X_1）	绿色信贷占比（X_{11}）	环保项目信贷占比	正向指标
		高耗能产业利息支出占比（X_{12}）	高耗能产业利息支出占比	正向指标
	绿色证券（X_2）	环保企业市值占比（X_{21}）	环保企业总市值/A股总市值	正向指标
		高耗能行业市值占比（X_{22}）	六大高耗能行业总市值/A股总市值	负向指标

续表

指标名称		指标构成	指标衡量方法	指标属性
绿色金融发展指标（X）	绿色投资（X_3）	节能环保公共支出占比（X_{31}）	节能环保产业财政支出/财政支出总额	正向指标
		治理环境污染投资占比（X_{32}）	污染治理投资/GDP	正向指标
	绿色保险（X_4）	农业保险规模占比（X_{41}）	农业保险支出/保险总支出	正向指标
		农业保险赔偿率（X_{42}）	农业保险支出/农业保险收入	正向指标
	绿色权益（X_5）	绿色权益发展深度（X_5）	碳交易、用能权交易、排污权交易/权益市场交易总额	正向指标

为了消除评价指标量纲和方向的影响，本书首先运用极差变换公式对低碳经济发展和绿色金融发展评价指标进行标准化、一致性处理，具体的计算公式如下：

正向指标：　　$(Z_i - min)/(max - min)$　　(9-1)

负向指标：　　$(max - Z_i)/(max - min)$　　(9-2)

分别运用正向指标式（9-1）和负向指标式（9-2）对原始指标数据进行处理，结果如表9-4所示。

表9-4　河南低碳经济发展和绿色金融发展评价指标标准化、一致性处理结果

年份		2011	2012	2013	2014	2015	2016	2017	2018	2019	2020
低碳经济	碳生产率	0	0.20	0.25	0.38	0.39	0.58	0.75	0.88	1.00	0.96
	居民消费碳排放强度	0.00	0.39	0.44	0.63	0.62	0.79	0.89	0.95	1.00	0.83
绿色金融	绿色信贷占比	0.21	0.07	0.40	0.38	0.31	0.00	0.43	0.62	1.00	0.76
	高耗能产业利息支出占比	0.87	1.00	0.91	0.83	0.00	0.43	0.62	0.57	0.71	0.93
	环保企业市值占比	0.00	0.25	0.26	0.58	1.00	0.79	0.38	0.15	0.11	0.13
	高耗能行业市值占比	0.00	0.62	0.98	0.69	0.35	0.28	0.48	0.88	1.00	0.93

续表

年份		2011	2012	2013	2014	2015	2016	2017	2018	2019	2020
绿色金融	节能环保公共支出占比	0.13	0.10	0.00	0.00	0.32	0.33	1.00	0.79	0.32	0.11
	治理环境污染投资占比	0.07	0.00	0.37	0.56	0.40	0.04	0.25	0.65	1.00	0.65
	农业保险规模占比	0.00	0.14	0.40	0.24	0.31	0.65	0.94	0.93	1.00	0.69
	农业保险赔偿率	0.38	0.00	0.39	0.69	0.38	0.56	0.94	0.77	1.00	0.52

9.3.2 指标权重确定

利用熵权法对低碳经济发展评价指标和绿色金融发展评价指标体系中的权重进行确定，结果如表9-5所示。

表9-5　2011~2020年河南省低碳经济发展评价体系各级指标权重分布

一级指标	二级指标	二级指标权重	三级指标	三级指标权重
低碳经济	低碳产出	0.6097	碳生产率	0.6097
	低碳消费	0.3903	居民消费碳排放强度	0.3903
绿色金融	绿色信贷	0.1658	绿色信贷占比	0.1119
			高耗能产业利息支出占比	0.0539
	绿色证券	0.2161	环保企业市值占比	0.1434
			高耗能行业市值占比	0.0727
	绿色投资	0.3475	节能环保公共支出占比	0.2081
			治理环境污染投资占比	0.1394
	绿色保险	0.1692	农业保险规模占比	0.1019
			农业保险赔偿率	0.0673
	绿色权益	0.1014	绿色权益发展深度	0.1014

由表9-5可知，在低碳经济发展评价指标体系中，低碳产出指标下的碳生产率指标权重为0.6097，而低碳消费指标下的居民消费碳排放强度指标权重为0.3903。这说明在2011~2020年，碳生产率对河南省低碳经济发展水平的影响最为重要，而低碳消费的影响较小。

首先在绿色金融发展评价的二级指标体系中，绿色投资指标权重为

0.3475，而绿色权益指标权重为0.1014，这表明在2011～2020年，河南省绿色投资的发展对河南省绿色金融发展水平的影响最为重要，而绿色权益的影响较小。

其次在绿色金融发展评价的三级指标体系中，节能环保公共支出占比的指标权重最大为0.2081，环保企业市值占比的指标权重次之为0.1434。这表明在2011～2020年，河南省节能环保公共支出的加大和环保企业市值的提高对河南省绿色金融发展有着重要的影响。

9.3.3 相关性结果分析

利用Stata统计分析软件，分别计算2011～2020年河南经济低碳发展和绿色金融发展水平各级评价指标两两之间的皮尔逊相关系数及显著性水平，则相关性分析结果如表9－6所示。

表9－6　2011～2020年河南经济低碳发展与绿色金融的相关性分析结果

	Y	Y_1	Y_2
X	0.911***	0.895***	0.901***
X_1	0.522	0.589*	0.383
X_{11}	0.704**	0.752**	0.592*
X_{12}	−0.213	−0.150	−0.316
X_2	0.282	0.177	0.454
X_{21}	−0.0340	−0.133	0.143
X_{22}	0.574*	0.573*	0.552*
X_3	0.798***	0.786***	0.786***
X_{31}	0.534	0.508	0.557*
X_{32}	0.690**	0.708**	0.630*
X_4	0.909***	0.899***	0.887***
X_{41}	0.937***	0.928***	0.913***
X_{42}	0.734**	0.724**	0.720**
X_5	0.712**	0.708**	0.689**

注：*** $p<0.01$，** $p<0.05$，* $p<0.1$。

从表9-6可知，Y与X的相关系数为0.911，且呈现0.01水平的显著性水平，这表明在2011~2020年河南省绿色金融发展水平与低碳经济发展水平具有显著的高度正相关关系，绿色金融发展对低碳经济发展具有显著的正向作用。另外，Y与X_3、X_4、X_5之间的相关系数分别为0.798、0.909、0.712，且分别呈现0.01、0.01和0.05的显著性水平，这说明绿色投资、绿色保险、绿色权益与低碳经济发展之间均具有显著的正相关关系，三者均对低碳经济发展具有显著的正向作用，其中绿色保险的作用最大。

从低碳产出方面看，Y_1与X的相关系数为0.895，且呈现0.01的显著性水平，这说明在2011~2020年河南省绿色金融发展水平与碳生产率之间具有显著的高度正相关关系，绿色金融发展对碳生产率的提高具有显著的正向作用。另外，Y_1与X_1、X_3、X_4、X_5之间的相关系数分别为0.589、0.786、0.899、0.708，且分别呈现0.1、0.01、0.01和0.05的显著性水平，这说明绿色信贷、绿色投资、绿色保险、绿色权益与碳生产率之间均具有显著的正相关关系，它们均对提高碳生产率具有显著的正向作用，但绿色保险的作用较大而绿色信贷的作用较小。

从低碳消费方面看，Y_2与X的相关系数为0.901，且呈现0.01的显著性水平，这说明在2011~2020年河南省绿色金融发展与居民低碳消费之间具有显著的高度正相关关系，绿色金融发展对居民低碳消费具有显著的正向作用。另外，Y_2与X_3、X_4、X_5之间的相关系数分别为0.786、0.887、0.689，且分别呈现0.01、0.01和0.05的显著性水平，这说明绿色投资、绿色保险、绿色权益与低碳消费之间均具有显著的正相关关系，三者均对居民低碳消费具有显著的正向作用，其中绿色保险的作用较大。

最后需要说明的是，Y与X_1、X_2之间的相关系数分别为0.582、0.282，但在0.1的显著性水平下均未通过统计检验，这说明样本期间河南省绿色信贷和绿色证券对低碳经济发展的正向作用并不显著，尚需进一步优化这两者的内部结构，与其他影响因素达成合力。

9.4 绿色金融支持河南经济低碳发展的对策建议

9.4.1 完善绿色金融支持产业结构优化升级

1. 绿色金融支持低碳农业

河南省农业在国际、国内都占据着举足轻重的地位，不断迈向建设高质量现代农业强省的新阶段。推动农业农村减碳增收，是不断推进河南省农业低碳发展迈上新的台阶、赋能河南省农业农村碳达峰、碳中和的重要路径。

在实现绿色金融支持低碳农业转型升级中，中央和地方政府可以通过加大政策性的金融支持，鼓励银行创新金融模式，扩大资金融通渠道，增强资金的保障力度；可以科学合理地施以税收减免、环保补贴等政策鼓励农民和农企采取低碳化的技术与措施，为减少温室气体的排放，推广使用节能、环保型设备提供资金和科技创新支持；政府还可以制定技术规范、建立行业标准，开展技术培训服务，帮助农户提高现代化农耕技能水平，引导农民和农企向节能减排、绿色生产方式转型，提高技能水平和生产效率；并加强与科研机构、高校等合作，提供精准、专业和全程式的技术培训和咨询服务。

金融机构可以通过创新金融工具、发挥政策担保体系等手段，建立专业的农业低碳金融服务体系与健全的授信服务体系；可通过建立低利率产品促进企业低碳化投资和绿色生产，为农业低碳化发展注入资金，同时提供差异化、专业化的金融服务；不断研发新的金融产品，为农户提供个性化的金融产品，加强农产品质量与安全的保险服务，根据农业企业的低碳发展情况，针对性地设计绿色信贷产品，为企业提供资本和贷款支持。此外，经上文相关性分析可知绿色保险对河南低碳经济发展水平提高也有显著的正相关关系，因此河南也应大力发展特色农业保险，扩展农业保险险种，继续提高农业保险规模占比，明确理赔标准，组建专业理赔团队和碳汇保险服务团队，对重点农产区域开展灾前风勘，真正实现农业保险的精准理赔，不断提高碳汇测算和风险保障服务水平；打造“保险+”链条式服务，实现河南省粮食生产、收购、仓储、加工、销售的“五位联动”，打造河南农产品的产业体系和分配体系，发挥绿色保险对低碳经济的积极效用。

2. 绿色金融支持低碳工业

河南省实现了从“传统农业大省”到“新兴工业大省”的历史性转变，挺起了制造业的脊梁，实现碳达峰碳中和的社会重任，更应充分发挥绿色金融对低碳工业高质量发展的保障作用。

河南省各级工信部门、人民银行和金融机构要建立协同工作机制，充分发挥政策导向和金融优势，引导金融资源向绿色低碳领域倾斜。一是工信部门与人民银行、金融机构之间应畅通信息交流渠道，构建绿色企业项目信息共享机制，为金融机构获取产业项目信息提供便利，降低信息成本。二是各级银行应为工业重点支持领域和相关企业提供优惠融资利率，优先支持绿色和碳减排领域票据再贴现额度，确保政策红利向绿色和碳减排重点领域企业精准传导。三是构建以工信部门、人民银行为核心的绿色项目认定咨询体系，作为金融机构审批发放绿色信贷的参考依据。四是各级工信部门应按需向金融机构开展解读培训，提升银行相关从业人员基础业务知识水平和绿色项目识别能力，借助银企对接会等机制，组织做好绿色低碳宣传工作，普及绿色发展理念。五是落实环境保护、节能节水项目企业所得税减免等税收政策，组织高耗能行业实施产能转移、压减、整合、关停，不断提高高耗能产业利息支出占比，降低高耗能行业市值占比，加大财政资金保障力度，引导更多资金流向节能环保项目领域和治理环境污染项目领域。

3. 绿色金融支持低碳服务业

近年来河南省的服务业增加值总量在不断增加，但其就业比重一直滞后于增加值比重，为此，应进一步多方面充分挖掘服务业推动河南省经济发展的贡献潜力。

交通运输产生的碳排放是河南省碳排放的来源之一，而资金不足也是推进绿色交通发展的突出问题，解决诸如此类的障碍，推动该领域的经济低碳转型需要做出更多的努力。一是政府应在《河南省交通运输厅关于印发河南省交通运输行业绿色低碳转型战略 2023 年工作任务分解方案的通知》的引导下，建立绿色交通发展建设投资机制，加大财政交通运输资金分配和使用力度，积极争取国家绿色发展基金和低碳转型基金等资金支持。二是河南省政府可通过财政补贴等激励措施，强化相关企业节能环保的主体责任。三是扩大绿色金融相关工具在交通领域的应用，充分发挥绿色信贷等绿色金融工具的资源配置作用，引导资金投入到大力发展多式联运、持续推进大宗货物“公转铁”、加快推进城市绿色货运配送、加快新能源交通运输工具的推广应用、促进“交通基础设施 + 能源”融合发展中去，充分发挥绿色金融对交通运输业绿色低碳转型的作用。

在河南省实现“双碳”目标的背景下，房地产行业产生大量建筑能耗，也有较大的减排潜力。金融机构要严格把关，适度调整贷款门槛，审慎执行，将超低能耗建筑、绿色建筑、建筑可再生能源应用等可持续建筑纳入节能环保项目及服务贷款统计范围之中。

9.4.2 完善绿色金融推动能源消费结构优化升级

绿色金融通过资本聚集、资源分配、信息激励、风险转移等功能发挥对能源消费转型的驱动作用。一方面可以合理化产业结构，实现结构效应、技术效应、空间效应和规模效应，进而促进能源消费转型。另一方面可以促进技术创新，实现规模效应和替代效应，进而推进能源消费结构的转型升级。

河南省可以通过以下途径发挥绿色金融对能源消费结构优化升级的作用。一是发挥绿色金融的市场定价、资源配置、风险管理等功能，扩张融资规模，聚集资本，引导社会资本更多地流向绿色产业、高附加值、高技术产业，加快用能权交易市场和绿色电力交易市场的建设，不断满足低碳发展的绿色金融资金量的需求。二是要严格把关河南绿色金融服务低碳经济发展的质量，提升绿色金融的质效，提高资源分配效率，稳且有序地开发并推广适销对路的绿色金融产品，持续有效地推进绿色金融向双碳重点绿色项目和节能环保项目倾斜，使绿色信贷、绿色债券等金融工具更好地扶持能源消费结构的绿色转型升级。三是进一步深化激励扶持机制，对开发利用新技术、绿色能源的企业给予能源补贴，而对污染排放度较高的企业提高排污税。四是要发挥绿色金融鼓励企业推动新能源技术开发和节能技术进步的作用，引导生产企业对水能、太阳能等清洁能源的选用，提升清洁能源的应用广度和应用深度，加快构建现代能源体系。五是河南省政府应根据本省资源禀赋状况，统筹规划“双碳”战略的具体目标和实现方式，鼓励企业节能减排，形成政、企、银相结合的工作协调机制，实施碳排放额政策，全方位引导高耗能产业节能减排，引导碳排放主体优化能源消费结构。

9.4.3 完善绿色金融体系

河南省政府应强化组织领导，建立绿色金融领导小组，统筹推进绿色金融改革创新工作；应“筑好底线”，与国家绿色金融标准相适，实现河南省绿色金融市场遵循统一原则；河南省相关政府部门要加快绿色金融市场化进程，创新绿色金融产品、绿色金融衍生工具及业务模式，大力推广绿色证券、绿色保险等业务，支持绿色发展项目和生态环境保护；加快建设绿色金融市场体系，逐步发展碳交易市场，不断完善绿色金融市场基础设施建设；将绿色环保理念引入信贷政策制定和产品设计中，建立配套扶持政策。

金融机构在拓展企业融通渠道的同时，应“设高门槛”，明确碳排放统计、测算等范围和方法，规范信息披露行为，建立健全的信息披露体系；绿色金融的建设和经济低碳发展离不开绿色金融人才的培养，金融机构要树立绿色金融观，制定绿色金融人才发展战略，扩大人才队伍建设；需要注重金融人员对金融政策的学习，准确掌握排污权和碳排放权等交易原则和使用原则，从而能结合国内外金融市场机制，在相关政策中精准定位河南省绿色金融的发展方向；金融类高校应设置绿色金融发展方向的课程，开展实务操作和实践培训；需要注重激励机制的使用，加强国际、区域交流与人才引进。

当前推动河南省经济绿色发展、低碳发展、循环发展，让更多的资金投入到绿色产业中，不仅是金融监管部门和金融机构的重任，更需要发挥社会公众的合力，树立减排的意识和绿色金融意识。此外，要引导绿色消费，增强投资者的社会责任与环保意识，培育多元化的绿色金融投资者。

9.4.4 完善相关法律法规和政策标准

完善相关法律法规和政策是政府调节低碳经济的重要手段，而且也能够更好地规范和引导绿色金融对低碳经济发展的工作执行与落实。河南省在推动经济高质量低碳转型的进程中，要科学构建绿色金融体系，为“双碳”目标实现提供制度保障。一是应制定绿色金融认定制度与风险防范制度、制定并完善绿色金融激励制度、绿色金融业务实施制度与监管制度等。二是政府和监管部门要强化现有政策的执行力度，配以强化的激励和约束机制，明确各主体责任，实施税收减免、财政贴息、风险补偿、信用担保等政策。三是金融监管机构要不断创新监管理念，转换金融监管的方式，提高监管工作的效率和法律法规的执行效率。完善绿色金融产品通用基础标准及信用评级标准，制定绿色金融市场交易规则。

9.5 本章小结

本章首先在现有文献基础上，对绿色金融、低碳经济等相关研究进行梳理。其次根据河南省的历史数据进行相关性分析，得出河南省低碳经济发展水平受绿色金融指标体系下的绿色信贷、绿色证券、绿色投资、绿色保险以及绿色权益的影响。最后针对河南省绿色金融及低碳经济发展的具体状况加以论述和分析，并结合河南省目前绿色金融支持低碳经济发展进程的具体情况提出科学合理的建议，探究符合现阶段河南绿色金融支持低碳经济转型目标的实现路径。

参考文献

［1］白姝伟．河南省低碳经济发展路径研究［D］．郑州大学，2013.

［2］曹洪刚．产业结构调整对中国省际碳排放动态影响及空间计量研究［D］．东北大学，2018.

［3］陈柳钦．金融支持低碳经济发展问题探讨［J］．当代经济研究，2013（2）：42－49，93.

［4］陈强．高级计量经济学及 Stata 应用［M］．北京：高等教育出版社，2010.

［5］陈诗一．工业二氧化碳的影子价格：参数化和非参数化方法［J］．世界经济，2010（8）：93－111.

［6］陈诗一．中国各地区低碳经济转型进程评估［J］．经济研究，2012（8）.

［7］陈欣，刘延．中国二氧化碳影子价格估算及与交易价格差异分析——基于二次型方向性距离产出函数［J］．生态经济，2018（6）：14－20.

［8］陈杨波，王薇蓉．能源安全新战略背景下的能源结构优化策略分析［J］．电气时代，2022（10）：20－22.

［9］谌莹，张捷．碳排放、绿色全要素生产率和经济增长［J］．数量经济技术经济研究，2016（8）.

［10］董红敏，李玉娥，陶秀萍，等．中国农业源温室气体排放与减

排技术对策［J］. 农业工程学报，2008，24（10）：269－273.

［11］杜悦英. 碳税对减排作用有限［N］. 中国经济时报，2010年3月18日.

［12］樊楚楚. 科技创新促能源结构优化［J］. 经济日报，2023（7）：1.

［13］樊金璐. 煤炭清洁高效利用方式发展方向研究［J］. 中国能源，2016，38（9）：20－22.

［14］付允，马永欢，刘怡君，牛文元. 低碳经济的发展模式研究［J］. 中国人口·资源与环境，2008，18（3）：14－19.

［15］付喆，张开，张毅，李堪雨，冯德全. 我国CCUS发展现状及前景展望［J］. 中国电力企业管理，2023（4）：69－71.

［16］公维凤，周德群，王传会. 全国及省际能耗强度与碳强度约束下经济增长优化研究［J］. 财贸经济，2012（3）.

［17］郭克星，闫光龙，张阿昱，席敏敏，牛爱. CO_2捕集、利用与封存技术及CO_2管道研究现状与发展［J］. 天然气与石油，2023，41（1）：28－40.

［18］郭希宇. 绿色金融助推低碳经济转型的影响机制与实证检验［J］. 南方金融，2022（1）：52－67.

［19］国家气候变化对策协调小组办公室，中国21世纪议程管理中心. 全球气候变化——人类面临的挑战［M］. 北京：商务印书馆，2004：8－10.

［20］郝成亮. 我国煤炭清洁高效利用现状与未来发展方向研究［J］. 煤炭经济研究，2022，42（12）：38－42.

［21］何建坤. 全球气候治理新机制与中国经济的低碳转型［J］. 武汉大学学报（哲学社会科学版），2016（4）.

［22］何宵. “双碳”目标下能源经济结构转型研究［J］. 区域经济，2023（3）：107－109.

[23] 贺诗倪，凌远云. 集体林权制度改革成本问题研究综述 [J]. 中国林业经济，2010 (6)：19 – 22.

[24] 华欢欢. 甘肃省低碳经济转型下产业结构优化分析 [D]. 兰州财经大学，2016.

[25] 黄华芳，胡召芹. “双碳”目标下科技创新赋能能源结构转型路径探析 [J]. 长春师范大学学报 [J]. 2023，42 (5)：47 – 50.

[26] 黄文若，魏楚. 中国各省份二氧化碳影子价格研究 [J]. 鄱阳湖学刊，2012 (2)：70 – 78.

[27] 贾俊松. 中国能耗碳排量宏观驱动因素的 Hi – PLS 模型分析 [J]. 中国人口·资源与环境，2010，20 (10)：123 – 136.

[28] 贾子奕，刘卓，张力，郝岩. 中国碳捕集、利用与封存技术发展与展望 [J]. 中国环境管理，2022，14 (6)：81 – 87.

[29] 蒋伟杰，张少华. 中国工业二氧化碳影子价格的稳健估计与减排政策 [J]. 管理世界，2018 (7)：32 – 49.

[30] 金涌，王垚，胡山鹰，朱兵. 低碳经济：理念·实践·创新 [J]. 中国工程科学，2008，10 (9)：4 – 13.

[31] 康小珍. 煤炭清洁高效利用方式及发展方向探讨 [J]. 云南化工，2018，45 (8)：198 – 199.

[32] 孔真真. 基于低碳经济的河南省产业结构调整研究 [D]. 河南大学，2015.

[33] 李慧明，杨娜. 低碳经济及碳排放评价方法探究 [J]. 学术交流，2010 (4)：85 – 88.

[34] 李佳倩，王文涛，高翔. 产业结构变迁对低碳经济发展的贡献——以德国为例 [J] 中国人口·资源与环境，2016，26 (S1)：26 – 31.

[35] 李凯. 金融支持与低碳经济发展——以河南为例 [J]. 郑州航空工业管理学院学报，2017，35 (6)：22 – 31.

[36] 李磊，刘继. 基于对数平均迪氏指数法分解的工业二氧化碳强度驱动因素分析——以新疆为例 [J]. 生态经济，2011 (4): 34-38.

[37] 李卫兵，陈思. 我国东中西部二氧化碳排放的驱动因素研究 [J]. 华中科技大学学报 (社会科学版)，2011，25 (3): 111-116.

[38] 李小倩，陈国宏. 技术进步、产业结构变动对区域低碳经济发展的影响—基于中国30个省市面板数据分析 [J]. 发展研究，2017 (9): 57-64.

[39] 李晓西，夏光，等. 绿色金融与可持续发展 [J]. 金融论坛，2015，20 (10): 30-40.

[40] 李忠民，孙耀华. 基于 IPAT 公式的省际间碳排放驱动因素比较研究 [J]. 科技进步与对策，2011，28 (2): 39-42.

[41] 厉以宁，朱善利，罗来军，杨德平. 低碳发展作为宏观经济目标的理论探讨 [J]. 管理世界，2017 (6): 1-8.

[42] 连素兰，何东进，纪志荣，洪伟，吴柳萍. 低碳经济视角下福建省林业产业结构与林业经济协同发展研究—基于耦合协调度模型 [J]. 林业经济，2016，38 (11): 49-54.

[43] 林伯强. 环境治理约束下的中国能源结构转变——基于煤炭和二氧化碳峰值的分析 [J]. 中国社会科学，2015 (9): 84-107.

[44] 林伯强，孙传旺. 如何在保障中国经济增长前提下完成碳减排目标 [J]. 中国社会科学，2011 (1): 64-76.

[45] 楼荣达，周锐. 双碳目标下云南省能源结构优化研究 [J]. 环渤海经济瞭望，2022 (10): 78-81.

[46] 鲁万波，仇婷婷，杜磊. 中国不同经济增长阶段碳排放影响因素研究 [J]. 经济研究，2013 (4): 106-118.

[47] 马友华，王桂苓，石润圭，等. 低碳经济与农业可持续发展 [J]. 生态经济，2009 (6): 115-118.

［48］宁庆月. 低碳经济视角下福建省产业结构优化研究［D］. 福州大学，2018.

［49］潘家华. 新型城镇化道路的碳预算管理［J］. 经济研究，2013（3）：12－14.

［50］齐绍洲，林屾，王班班. 中部六省经济增长方式对区域碳排放的影响［J］. 中国人口·资源与环境，2015（5）：59－66.

［51］乔健，吴青龙. 中国碳排放强度重心演变及驱动因素分析［J］. 经济问题，2017（8）：63－67.

［52］屈博，刘畅，卜凡鹏，李德智. 能源结构转型背景下的电能替代发展路径探索［J］. 电力需求侧管理［J］. 2022，24（6）：1－5.

［53］尚好. 低碳经济背景下的内蒙古产业结构优化路径——基于产业结构合理化和高度化的视角［J］. 商业经济，2016（6）：60－61.

［54］沈佩钧. 低碳交通发展的大趋势［J］. 综合运输，2009（12）：1.

［55］石建屏，李新，罗珊，等. 中国低碳经济发展的时空特征及驱动因子研究［J］. 环境科学与技术，2021，44（1）：228－236.

［56］宋博，穆月英. 设施蔬菜生产系统碳足迹研究——以北京市为例［J］. 资源科学，2015，37（1）：175－183.

［57］宋博，穆月英. 我国省域设施蔬菜生产碳排放的影子价格［J］. 农业技术经济，2015（8）：53－63.

［58］宋杰鲲，曹子建，张凯新. 我国省域二氧化碳影子价格研究［J］. 价格月刊，2016（9）：6－11.

［59］苏方林，黎文勇. 产业结构合理化、高级化对碳排放影响的实证研究——基于西南地区面板数据［J］. 西南民族大学学报（人文社科版）. 2015（11）：114－119.

［60］孙敬水，陈稚蕊，李志坚. 中国发展低碳经济的影响因素研究——基于扩展的 STIRPAT 模型分析［J］. 审计与经济研究，2011，26（4）：

85－93.

［61］孙敬水，李志坚，陈稚蕊．低碳经济发展的驱动因素研究——以浙江省为例［J］．中南财经政法大学学报，2011（2）：48－55.

［62］孙宁，盖轲．煤炭清洁高效利用方式及发展方向探讨［J］．中国石油和化工标准与质量，2020，40（1）：122－123.

［63］孙作人，周德群，周鹏．工业碳排放驱动因素研究：一种生产分解分析新方法［J］．数量经济技术经济研究，2012（5）：63－74.

［64］檀勤良，张兴平，魏咏梅，许倩楠．考虑技术效率的碳排放驱动因素研究［J］．中国软科学，2013（7）：154－163.

［65］滕玲．警惕！地球越来越"暖"——世界气象组织公报显示：全球温室气体浓度再创新高［J］．地球，2016（2）：44－46.

［66］涂正革．工业二氧化硫排放的影子价格：一种新的分析框架［J］．经济学（季刊），2009，9（1）：259－282.

［67］汪中华，胡垚．基于影子价格模型的我国碳排放权交易市场价格扭曲度测算［J］．生态经济，2019（5）：13－20.

［68］王锋，吴丽华，杨超．中国经济发展中碳排放增长的驱动因素研究［J］．经济研究，2010（2）：123－136.

［69］王凤婷，方恺，于畅．京津冀产业能源碳排放与经济增长脱钩弹性及驱动因素——基于 Tapio 脱钩和 LMDI 模型的实证［J］．工业技术经济，2019（8）：32－40.

［70］王晶．低碳经济背景下我国产业结构升级对策研究［J］．环境保护科学，2017，42（2）：91－94.

［71］王开，傅利平．京津冀产业碳排放强度变化及驱动因素研究［J］．中国人口·资源与环境，2017，27（10）：115－121.

［72］王科祥．低碳经济背景下黑龙江省产业结构优化研究［D］．哈尔滨工程大学，2018.

[73] 王明月，朴松美. 金融支持内蒙古煤炭经济结构转型问题的研究——以“双碳”和“能源安全”为背景［J］. 内蒙古煤炭经济，2023（1）：73－75.

[74] 王倩，高翠云. 中国省际碳影子价格与碳生产率非线性关联研究［J］. 资源科学，2018，40（10）：2118－2131.

[75] 王睿佳. 加快探索助力能源结构转型——我国燃料乙醇产业现状分析与前景展望［J］. 中国电业，2021（10）：32－33.

[76] 王晓磊，陈贵锋. 双碳背景下煤炭清洁高效利用方向构建［J］. 煤质技术，2021，36（6）：1－5.

[77] 王钰，张连城. 中国制造业向低碳经济型增长方式转变的影响因素及机制研究［J］. 经济学动态，2015（4）：35－41.

[78] 吴朝霞，张思. 绿色金融支持低碳经济发展路径研究［J］. 区域经济评论，2022（2）：67－73.

[79] 吴荣贤，张俊彪，朱烨，田云. 中国省域低碳农业绩效评估及边际减排成本分析［J］. 中国人口·资源与环境，2014，24（10）：57－63.

[80] 吴晓雪. 低碳经济下河北省第二产业结构调整研究［J］. 时代金融，2017（4）：89－91.

[81] 吴艳. 河南省低碳经济发展的现状与对策［J］. 广西质量监督导报，2020（5）：110－111.

[82] 肖新成，何丙辉，倪九派，谢德体. 三峡生态屏障区农业面源污染的排放效率及其影响因素［J］. 中国人口·资源与环境，2014（11）：60－68.

[83] 谢志祥，秦耀辰，沈威，等. 中国低碳经济发展绩效评价及影响因素［J］. 经济地理，2017，37（3）：1－9.

[84] 徐冬，张帅，韩涛，郑旭帆，常林，冯白阳，冯蕾. 煤电＋CCUS产业规模化发展政策激励［J］. 洁净煤技术，2023，29（4）：13－20.

[85] 徐飞. 基于低碳经济视角的贵州省产业结构优化研究 [D]. 贵州财经大学，2015.

[86] 徐辉，吴荣荣，张大伟. 基于二氧化碳排放量驱动因素分析 [J]. 统计与决策，2013 (7)：104－108.

[87] 徐盈之，徐康宁，胡永舜. 中国制造业碳排放的驱动因素及脱钩效应 [J]. 统计研究，2011 (7)：55－61.

[88] 杨英明，孙健东. 世界主要国家能源消费碳排放脱钩及驱动因素研究 [J]. 煤炭工程，2019，51 (7)：173－177.

[89] 杨颖. 绿色金融对区域经济低碳转型的影响研究 [D]. 兰州大学，2022 (3)：666.

[90] 杨子晖. 经济增长、能源消费与二氧化碳排放的动态关系研究 [J]. 世界经济，2011 (6)：100－125.

[91] 叶楠. 低碳经济背景下河南省产业结构升级发展策略研究 [J]. 地方经济，2019 (7)：481－482.

[92] 尹硕，杨萌，陈兴. 河南产业结构优化与能源消费的实证研究 [J]. 能源与环保，2022，44 (11)：140－146.

[93] 余博，丁杏黄，胡湘兰. 以低碳经济为导向的湖南产业结构优化升级研究 [J]. 湖南工程学院学报 (社会科学版)，2016，26 (2)：6－9.

[94] 袁富华. 低碳经济约束下的中国潜在经济增长 [J]. 经济研究，2010 (8)：79－89.

[95] 袁航. 智慧能源体系驱动能源转型与结构调整 [J]. 农电管理，2020，40 (10)：42.

[96] 袁鹏，程施. 我国工业污染物的影子价格估计 [J]. 统计研究，2011 (9)：66－73.

[97] 袁鑫，赵淑媛，孙昊，陈衡，刘涛，王修彦. CCUS 技术在燃煤电厂大规模应用的经济性和效益提升路径研究 [J]. 热力发电，2023，

52 (7): 33 - 40.

[98] 云丽虹，熊坚，吴文娟. 基于低碳经济背景下海南产业结构深化改革与优化的思考 [J]. 中国市场，2015 (17): 168 - 170.

[99] 曾繁华，吴立军，陈曦. 碳排放和能源消费约束下中国经济增长阻力研究 [J]. 财贸经济，2013 (4): 130 - 137.

[100] 张凯，陈掌星，兰海帆. 碳捕集、利用与封存技术的现状及前景 [J]. 特种油气藏，2023，30 (2): 1 - 9.

[101] 张美一. 东北地区产业结构调整对碳排放影响的实证研究 [J]. 中国产经，2021 (7): 158 - 159.

[102] 张清，陶小马，杨鹏. 碳减排约束条件下的内生经济增长机制研究 [J]. 经济理论与经济管理，2010 (11): 33 - 39.

[103] 张五常. 经济解释（卷四：制度的选择）[M]. 北京：中信出版社，2002: 49 - 60.

[104] 张映红. 关于能源结构转型若干问题的思考及建议 [J]. 国际石油经济，2021 (2): 2 - 15.

[105] 张友国. 经济发展方式变化对中国碳排放强度的影响 [J]. 经济研究，2010 (4): 120 - 133.

[106] 赵荣钦，黄贤金. 基于能源消费的江苏省土地利用碳排放与碳足迹 [J]. 地理研究，2010，29 (9): 1639 - 1649.

[107] 中国环境与发展国际合作委员会. 能源、环境与发展——中国环境与发展国际合作委员会年度政策报告（2009）[M]. 北京：中国环境科学出版社，2010.

[108] 仲云云，仲伟周. 我国碳排放的区域差异及驱动因素分析——基于脱钩和三层完全分解模型的实证研究 [J]. 财经研究，2012 (2): 123 - 133.

[109] 周宏春. 低碳经济学：低碳经济理论与发展路径 [M]. 北

京：机械工业出版社，2012.

[110] 周宏春. 解惑低碳经济 [N]. 社会科学报，2009 年 10 月 15 日.

[111] 周华蓉，贺胜兵，邢书军. 地区工业结构与二氧化碳影子价格异质性 [J]. 湖南科技大学学报（社会科学版），2018 (2)：69 -77.

[112] 周慧. 面向产业低碳发展的金融服务系统及传导机制研究 [D]. 天津大学，2011.

[113] 朱帮助，王克凡，王平. 我国碳排放增长分阶段驱动因素研究 [J]. 经济学动态，2015 (11)：79 -89.

[114] 朱勤，彭希哲，陆志明，吴开亚. 中国能源消费碳排放变化的因素分解及实证分析 [J]. 资源科学，2009，31 (12)：2072 -2079.

[115] 庄贵阳，潘家华，朱守先. 低碳经济的内涵及综合评价指标体系构建 [J]. 经济学动态，2011 (1)：132 -136.

[116] 邹熠峰. 基于低碳经济的安徽省产业结构调整研究 [D]. 安徽大学，2016.

[117] Adom P. K., Bekoe W., Franklin A. Carbon dioxide emissions, economic growth, industrial structure, and technical efficiency [J]. Energy, 2012, 47 (1): 314 -325.

[118] Cai H., Qu S. J., Wang M. Changes in China's carbon footprint and driving factors based on newly constructed time series input-output tables from 2009 to 2016 [J]. Science of the Total Environment, 2020, 711 (1): 1 -13.

[119] Cheng W. Y., Yang Z. S., Pan X., Balezentis T., Chen X. L. Evolution of Carbon Shadow Prices in China's Industrial Sector during 2003 -2017: A By-Production Approach [J]. Sustainability, 2020, 12, 722: 1 -14.

[120] Coase. R. The Problem of Social Cost [J]. Joural of Law and Economics, 1960 (3): 1 -44.

[121] Coggins, J. S. , Swinton J. The Price of Pollution: A Dual Approach to Valuing SO Allowances [J]. Journal of Environmental Economics and Management, 1996 (37): 58 -72.

[122] Duan Y. , Li N. , Mu L X. Research on Provincial Shadow Price of Carbon Dioxide in China's Iron and Steel Industry [J]. Energy Procedia, 2017, 142: 2335 -2340.

[123] Foxon T. J. A Coevolutionary Framework for Analyzing a Transition to a Sustainable Low Carbon Economy [J]. Ecological Economics, 2011, 70 (12): 2258 -2267.

[124] Färe, R. , Grosskopf, S. , Knox Lovell, C. A. , Yaisawarng, Suthathip. Derivation of Shadow Prices for Undesirable Outputs: A Distance Function Approach [J]. The Review of Economics and Statistics, 1993, 75 (2): 374 -380.

[125] Färe, R. , Grosskopf, S. , Noh, D. , et al. Characteristics of a Polluting Technology: Theory and Practice [J]. Journal of Econometrics, 2005, 126 (2): 469 -492.

[126] Färe, R. , Grosskopf, S. , Pasurkajr, C. Environmental Production Functions and Environmental Directional Distance Functions [J]. Energy, 2007, 32 (7): 1055 -1066.

[127] Färe, R. , Grosskopf, S. , Weber, W. L. Shadow prices and pollution costs in U. S. agriculture [J]. Ecological Economics, 2006, 56 (1): 89 -103.

[128] Friedl B and Getzner M. Determinants of CO_2 emissions in a small open economy [J]. Ecological Economics, 2003 (45): 133 -148.

[129] Guan X. L. , Zhang J. B. , Wu X. R. , Cheng L. L. The Shadow Prices of Carbon Emissions in China's Planting Industry [J]. Sustainability,

2018, 10, 753: 1 - 12.

[130] Habiba U., Xinbang C., Ali S. Investigating the impact of financial development on carbon emissions: Does the use of renewable energy and green technology really contribute to achieving low-carbon economies [J]. Gondwana Research, 2023, 5 (13): 472 - 485.

[131] Karmellos M., Kopidou D., Diakoulaki D. A decomposition analysis of the driving factors of CO_2 (Carbon dioxide) emissions from the power sector in the European Union countries [J]. Energy, 2016, 94 (3): 680 - 692.

[132] Kaya Y. Impact of Carbon Dioxide Emission on GNP Growth: Interpretation of Proposed Scenarios [R]. Paris: Presentation to the Energy and Industry Subgroup, Response Strategies Working Group, IPCC, 1989.

[133] Kinzing, Kammen. National trajectories of carbon emissions: Analysis of proposals to foster the transition to low-carbon economies [J]. Global Environmental Change, 1998, 8 (3): 183 - 208.

[134] Lanqi S., Yanli L. On the Mechanism of Green Economy and Green Finance [J]. International Journal of Frontiers in Sociology, 2021, 3 (14).

[135] Lee, J., Park, J. and Kim, T. Estimation of the shadow prices of pollutants with production/environment inefficiency taken into account: a nonparametric directional distance function approach [J]. Journal of Environmental Management, 2002, 64 (4): 365 - 375.

[136] Metawa A., Dogan E., Taskin. Analyzing the nexus of green economy, clean and financial technology [J]. Economic Analysis and Policy, 2022, 8 (023).

[137] Miguel A. T. M. and Pablo R. G. A Combined Input-output and Sensitivity Analysis Approach to Analyses Sector Linkages and CO_2 Emissions [J]. Energy Economics, 2007, 29 (5): 578 - 597.

[138] Narayan P. K., Narayan S. Carbon Dioxide Emissions and Economic Growth: Panel Data Evidence From Developing Countries [J]. Energy Policy, 2010, 38 (1): 661-666.

[139] Philippe B. J., Leleu H., Shen Z. Y. Worldwide carbon shadow prices during 1990-2011 [J]. Energy Policy, 2017, 109: 288-296.

[140] Pittman, R. W. Issues in Pollution Control: Interplant Cost Differences and Economies of Scale [J]. Land Economics, 1981, 57 (1): 1-18.

[141] Schandl H., Hatfield S., and Wiedmann T., et al. Decoupling Global Environmental Pressure and Economic Growth [J]. Journal of Cleaner Production, 2016, 132 (1): 45-56.

[142] Strutt J., Wilson S., Shorney-Darby H., et al. Assessing the carbon footprint of water production [J]. Journal of the American Water Works Association, 2008, 100 (6): 80.

[143] Tapio P. Towards a theory of decoupling: Degrees of decoupling in the EU and the case of road traffic in Finland between 1970and 2001 [J]. Transport Policy, 2005, 12 (2): 137-151.

[144] Wackernagel M., Rees W. E. Our ecological footprint: Reducing human impact on the Earth [M]. Gabriola Island: New Society Publishers, 1996.

[145] Wang K., Yang K X, Wei Y M, Zhang C. Shadow prices of direct and overall carbon emissions in China's construction industry: A parametric directional distance function-based sensitive estimation [J]. Structural Change and Economic Dynamics, 2018, 47: 180-193.

[146] Wang Z., Zhu Y. B., Peng Y. Carbon Emissions Trends with Optimal Balanced Economic Growth of China and the USA and some Abatement

Options for China [J]. Journal of Geographical Sciences, 2013, 23 (6): 991 - 1004.

[147] Wei, C., Löschel, A., Liu, B. An Empirical Analysis of the CO_2 Shadow Price in Chinese Thermal Power Enterprises [J]. Energy Economics, 2013, 40: 22 - 31.

[148] Zhang D. Y., Mohsin M., Taghizadeh-Hesary F. Does green finance counteract the climate change mitigation: Asymmetric effect of renewable energy investment and R&D [J]. Energy Economics, 2022, 9 (113).

[149] Zhang, X., Xu, Q., Zhang, F., et al. Exploring Shadow Prices of Carbon Emissions at Provincial Levels in China [J]. Ecological Indicators, 2014, 46: 407 - 414.

[150] Zhu B. Z., Wang K. F., Chevallier J., et al. Can China Achieve its Carbon Intensity Target by 2020 while Sustaining Economic Growth [J]. Ecological Economics, 2015, 119 (12): 209 - 216.